# Die besten Ausreden

Hanns Erfurth

# Die besten Ausreden

## für alle Gelegenheiten

FALKEN
Taschenbuch

Im FALKEN Verlag sind zum Thema „Reden und Rhetorik" zahlreiche Titel erschienen. Hier eine Auswahl:
„Moderne Reden für private Anlässe" (1896)
„Das Brautpaar lebe hoch! Festliche und amüsante Reden zu Verlobung, Polterabend, Hochzeit" (2296)
„Reden und Vorträge zu runden Geburtstagen" (60535)
„Neue Hochzeitsreden" (60158)

Sie finden uns im Internet: **www.falken.de**

Dieses Buch wurde auf chlorfrei gebleichtem und säurefreiem Papier gedruckt.

Der Text dieses Buches entspricht den Regeln der neuen deutschen Rechtschreibung.

ISBN 3 635 60600 6



**Umschlaggestaltung:** Eische Grafik-Design, München
**Gestaltung und Herstellung:** Petra Becker
**Zeichnungen:** Peter Lohse, Büttelborn
**Redaktion:** Winfried Schindler
**Satz:** Lithotronic, Frankfurt am Main
**Druck:** Freiburger Graphische Betriebe GmbH, Freiburg



817 2635 4453 6271

# Inhalt

# Einleitung

## Kleine Ausreden erhalten die Freundschaft

Eine Ausrede ist, wie uns das Wörterbuch belehrt, ein „nicht wirklich zutreffender Grund, der als Entschuldigung für etwas vorgebracht wird". Wer mit einer guten, d. h. einleuchtenden – oder auch nur charmanten! – Ausrede aufwarten kann, dem bleibt vieles erspart. Nicht zuletzt gilt diese Erkenntnis auch im Wortsinne, wie man noch sehen wird.

Aber ist eine Ausrede nicht eigentlich moralisch verwerflich? Enthält sie nicht immer ein Moment von Unwahrheit? Ist sie vielleicht sogar eine Lüge? Ist sie nicht vielmehr der beste Ausweg, um eine wirklich faustdicke Lüge zu vermeiden? Oder sollte man sie besser als rhetorische Konfliktvermeidungsstrategie charakterisieren?

Inhaltlich ist eine Ausrede fast immer eine Entschuldigung. Man erkennt die eigene Schuld, ohne sie vor anderen bekennen zu wollen (oder zu können). Mit der Ausrede will man sich dem Schuldbekenntnis entziehen, sich – im Wortsinne – entschuldigen.

Formal ist die Ausrede eine Antwort auf eine gestellte (häufig auch auf eine nicht gestellte) Frage, auf einen Vorwurf, auf eine Anschuldigung, und zwar eine Antwort, die dem Zweck dient, keine Antwort zu geben.

Taktisch ist die Ausrede ein Täuschungsmanöver. Ein Täuschung gelingt nur, wenn sie perfekt ist. Also müssen auch die Momente, die Ihre Ausrede konstituieren, perfekt aufeinander abgestimmt sein. Gelingt dies nicht, verkommt die Ausrede zur albernen Ausflucht.

Ausrede, Notlüge und falsches Alibi sind eng miteinander verwandt. Zu Recht bestehen grundsätzliche ethische Bedenken gegen ihre Verwendung. Aber im Alltag hat man eben meist nicht Zeit und Gelegenheit, grundsätzliche ethische Probleme zu durchdenken, sondern muss innerhalb von Sekunden entscheiden, ob man jemandem die volle Wahrheit sagt und ihm damit wehtut, ob man sich selbst schaden soll, indem man rückhaltlos offen eigenes Versagen eingesteht, oder ob man eine Abfuhr, die man erteilen muss, mit einer Ausrede oder Notlüge etwas weniger schmerzhaft ausdrückt oder die Wahrheit eher durchschimmern lässt, anstatt sie mit Signalfarben dick aufzutragen. Ein Blick in die Kulturgeschichte der Lüge beweist, dass das menschliche Zusammenleben ohne ein gewisses Maß an Täuschung, ohne Lüge viel schwerer und komplizierter wäre. „Eine Notlüge ist immer verzeihlich", sagt Karl Krauss. „Wer aber ohne Zwang die Wahrheit sagt, verdient keine Nachsicht."

Der listenreiche Odysseus ist im Grunde ein Lügner und Täuscher par excellence, aber er lügt und täuscht aus Gründen, die man verstehen, nachvollziehen, sogar gutheißen kann. So als er Philoktet die Waffen abluchst, die vor Troja das Kriegsglück wenden sollen, und sich dazu des Sohnes vom Achilles Neoptolemos, bedient. „Ists wirklich deine Meinung, Lüge schändet nicht?", fragt Neoptolemos. „Nicht, wenn der Weg zur Rettung über Lügen führt!", antwortet Odysseus. Im Zweifel aber gilt immer noch, was Konrad Adenauer einmal gesagt hat: „Lüge nie, denn du kannst ja doch nie behalten, was du alles gesagt hast."

Ein Typus von Ausreden schließlich lässt die Täuschungsabsicht so offen erkennen, dass Täuschung gar nicht mehr Absicht sein kann, dass nicht mehr die Unwahrheit gesagt wird, um etwas zu verbergen, sondern mit einer absurden Erwiderung lediglich die Feststellung getroffen wird: Okay, ich hab Mist gebaut, soll nicht wieder vorkommen. Nur dass die stillschweigende Vereinbarung besteht, die Dinge so zu verstehen, wie sie nun einmal liegen, aber nicht beim Namen zu nennen. Ausreden dieses Typs sind Behauptungen, man habe E. T. getroffen, der nach Hause wollte, und man musste ihm erst den Weg erklären.

Nicht zu vergessen: Unsere gegenwärtige Lebensform verlangt von uns eine Form der Selbstdarstellung, die immer alles positiv gedacht, gezeigt und beschrieben wissen will. Ein Arbeitgeber ist zum Beispiel gesetzlich dazu gehalten, einem ausscheidenden Arbeitnehmer ein wohlwollendes Zeugnis auszustellen. Auch wenn der Mitarbeiter ein völliger Versager gewesen wäre, müsste dieser Umstand im Zeugnis positiv ausgedrückt werden, sodass grundsätzlich das Wohlwollen im Vordergrund steht.

Mit einer Ausrede geben Sie gewissermaßen Zeugnis über sich, über Ihr Verhalten (oder Fehlverhalten) in einer bestimmten Situation. Warum sollten Sie sich nicht auch an die Vorgabe halten, die das Gesetz dem Arbeitgeber zur Pflicht macht? Sie sollen ja kein falsches Zeugnis über sich abgeben, sondern nur ein wohlwollendes. Genau das tut eine Ausrede. Sagen Sie also nicht: „Das habe ich vergessen." Sagen Sie: „Das muss irgendwie an mir vorbeigegangen sein."

Das Kommunikationsziel der Ausrede besteht in der Erreichung der folgenden vier Stufen:

1. Entschuldung,
2. Verständnis für die eigene Situation erzeugen,
3. Mitleid und Mitgefühl erregen,
4. Schlechtes Gewissen beim Gegenüber erzeugen.

Nicht immer ist es möglich oder nötig, auch die dritte und vierte Stufe zu erklimmen. Die erste und die zweite sollte man mit einer guten Ausrede schon erreichen können.

## Goldene Regeln für eine gute Ausrede

*1. Eine Ausrede muss subjektiv glaubwürdig sein.*

Dazu gehört zweifellos, dass man sie ohne Stottern und Stammeln, ohne Zögern und Zagen, ohne rot zu werden und den Blick verlegen abzuwenden, mit voller Überzeugungskraft und voller Unschuld in Stimme und Blick vortragen kann. Wenn Sie sich schon dazu nicht in der Lage fühlen, sollten Sie vorerst besser auf Ausreden verzichten und schwer an sich arbeiten.

Aber natürlich genügt der überzeugende Vortrag nicht. Für die Glaubwürdigkeit ist es entscheidend, wie Sie mit den objektiven Fakten, die Sie für Ihre Ausrede verwenden, umgehen.

*2. Die objektiven Sachverhalte, auf die Sie sich herausreden, müssen grundsätzlich möglich sein.*

Wenn Sie Ihrem Chef als Grund für Ihre morgendliche Verspätung angeben, Außerirdische wären auf der Stadtautobahn gelandet und hätten einen Verkehrsstau verursacht, können Sie das so überzeugend vortragen wie Sie wollen; wetten, dass er Ihnen nicht glaubt? Hingegen ist eine Verkehrskontrolle, ein Unfall oder ein anderes verkehrsstörendes Ereignis (Bauarbeiten, Warnstreik, Filmaufnahmen, Feuerwehreinsatz) grundsätzlich immer möglich.

*3. Ihre Ausrede sollte sich auf Sachverhalte beziehen, die in Ihrer konkreten Lebenswirklichkeit relativ häufig vorkommen.*

Wenn Sie vorgeben, zu spät zu kommen, weil Sie Steven Spielberg auf der Straße getroffen haben, der Ihnen spontan die Hauptrolle in seinem neuen Film angeboten hat, leidet gewöhnlich Ihre Glaubwürdigkeit. Wenn Sie hingegen in Ihrer Freizeit oder nebenberuflich modeln, wächst – zumindest in den Augen der Außenstehenden – die Wahrscheinlichkeit, dass ein Fotograf oder Agent Sie spontan zu einem Casting einlädt. Vielleicht sogar ein Regisseur oder Produzent; es muss ja nicht gleich Steven Spielberg sein. Und wahrscheinlich wächst in diesem Falle auch das Verständnis für die eingetretene Verspätung.

*4. Ihre Ausrede darf nicht billig sein.*

Es ist keine gute Ausrede, eine Verspätung mit dem üblichen Verkehrsstau zu entschuldigen. Man wird zu Recht einwenden, dass Sie mit einem Verkehrsstau schließlich rechnen mussten. Billig ist eine Ausrede immer dann, wenn die Sachverhalte, die Sie zur Entschuldigung anführen, kein Moment der Überraschung enthalten oder, wenn dem schon so ist, Sie sich nicht die Mühe gemacht haben, zu einem glanzlosen Ereignis wenigstens eine überraschende Pointe zu finden. Stau war, aber Sie glaubten, den Verkehr zu überlisten, indem Sie mit der U-Bahn fuhren. Doch zu Ihrer Überraschung fanden Sie sich, dieses Verkehrsmittels total entwöhnt, am anderen Ende der Stadt wieder. Sie dürfen sich bei solchen Gelegenheiten auch ruhig einmal zum Trottel machen; das steigert beim Gegenüber das Selbstwertgefühl. Aber übertreiben Sie es nicht! Der Mitleidbonus ist schnell aufgebraucht.

5. *Ihre Ausrede darf nicht überstrapaziert werden.*
Was damit gemeint ist, illustriert am besten ein Witz aus der Kaiserzeit. Vier Unteroffiziere kommen von einem Kameradschaftsabend zurück; sie haben ihre Urlaubszeit weit überzogen und brauchen für den wachhabenden Offizier eine passende Ausrede. Sie beschließen, nacheinander in die Kaserne zurückzugehen. Der erste behauptet: „Ich bin geritten wie der Teufel, aber kurz vor der Stadt hat die Mähre schlappgemacht." Der zweite erklärt: „Ich habe meinem Pferd zwar die Peitsche gegeben, aber kaum war ich in der Stadt, brach das Tier zusammen." Der dritte meint: „Ich dachte, ich schaffe es noch pünktlich, aber kurz vor der Kaserne brach mein Pferd zusammen." Als der vierte kommt, ist der wachhabende Offizier schon ordentlich geladen: „Na, haben Sie auch Ihr Pferd zuschanden geritten?" Der Unteroffizier aber antwortet: „Wie kommen Sie denn darauf, ich bin zu Fuß gegangen. Aber es war ja kein Fortkommen. Die ganze Straße voller toter Pferde!"

6. *Eine Ausrede sollte der Wahrheit möglichst nahe kommen.*
Unter Umständen muss Ihre Ausrede nachprüfbar sein. Wenn Sie Ihre längere Abwesenheit vom Heim der Familie damit begründen, dass Sie sich mit einem Freund in der Kneipe getroffen haben, dann sollte es zumindest entweder den Freund oder die Kneipe tatsächlich geben. Diese Empfehlung ist wiederum auch nur mit Vorsicht zu genießen. Denn manchmal ist die Wahrheit so unglaubwürdig, dass Sie sich einfach nicht zur Erklärung eignet. Vor Jahren fuhr einmal ein Mann mit seinem Auto hinter einem Umzug her, den ein durchreisender Zirkus veranstaltete. Direkt vor ihm lief ein Elefant. Als der

Umzug plötzlich stockte, fuhr der Mann so dicht auf, dass er mit der Stoßstange ganz leicht das Hinterbein des Elefanten berührte. Der Elefant kannte diese leichte Berührung am Hinterbein. Sie war das Zeichen für „Setzen". Er setzte sich. Können Sie sich vorstellen, wie der Mann mit der Erklärung für seine Verspätung ankam? „Ich hatte einen Unfall. Ein Elefant hat sich auf die Motorhaube gesetzt." Dabei war es die reine Wahrheit.

*7. Überzeugungskraft, Wahrscheinlichkeit und Wahrhaftigkeit der Ausrede müssen im richtigen Verhältnis stehen.*
Es ist heute nicht mehr so einfach, sich auf die klassischen Ausrede-Themen wie Autopannen oder die Unmöglichkeit zu telefonieren, zurückzuziehen. Der technische Fortschritt erfordert auch vom Aus-Redner mehr Kreativität. Im Zeitalter des Mobiltelefons muss man sich schon etwas einfallen lassen, um die Unmöglichkeit zu telefonieren glaubhaft zu machen.

## Klassische Themen für Ausreden

Dem Aus-Redner stehen alle Möglichkeiten seiner Fantasie offen. Aber erfahrungsgemäß greift er für eine Ausrede immer wieder auf bestimmte Themen zurück, weil sich die goldenen Regeln mit ihnen am besten umsetzen lassen.

### 1. Kommunikationsprobleme

Dazu gehört der große Bereich der Missverständnisse („Da muss ich Sie irgendwie falsch verstanden haben ...") und der Fehlleitungen („Nö, dieses Fax habe ich nicht bekommen ..." oder umgekehrt: „Haben Sie denn mein Fax nicht bekommen. Darin hatte ich den Termin doch abgesagt."). Zu einem weiten und schwierigen Feld entwickelt sich angesichts der Allgegenwart von Informationskanälen aller Art das Finden von Ausreden, warum die Informationsübermittlung nicht möglich war.

## 2. Verkehrsgeschehen

Der billige Stau oder die Zugverspätung kann durch erfindungsreichen Aufputz neuen Reiz gewinnen. Zum Verkehrsgeschehen gehören auch alle Geschichten über fantastische Baustellen und Umleitungen, über Polizeikontrollen, Demonstrationen und Schwierigkeiten mit dem eigenen Auto. Den herrschenden Klischeevorstellungen zufolge haben es hier Frauen etwas leichter als Männer. Erwartet man von einem Mann, dass er die Probleme mit seinem Auto in den Griff kriegt, glaubt man einer Frau viel eher, dass sie dabei in Schwierigkeiten gekommen ist. Ein Mann muss sich einen technisch komplizierten Defekt einfallen lassen, eine Frau sagt einfach: „Er sprang nicht an."

## 3. Gesundheitliche Probleme

Es gibt anerkannte Krankheiten, die eine vorübergehende Arbeitsunfähigkeit begründen. Die Krankheiten lassen sich unter Umständen auch als Ausrede vorschützen. Wenn man ein wenig in medizinischen Ratgebern zum Thema Migräne nachliest, wird man die Symptome einer schweren Migräneattacke so überzeugend schildern können, dass niemand zweifelt, dass diese Attacke tatsächlich stattgefunden hat. Kurioserweise wird bei dieser, früher ausschließlich Frauen zugestandenen Krankheit, heute Männern der höhere Mitleidbonus entgegengebracht.

Außerdem gibt es eine Reihe typischer Bürokrankheiten, die wellenartig das gesamte Unternehmen erfassen. Warum sollten ausgerechnet Sie von der nächsten Grippewelle verschont bleiben? Und warum sollte nicht auch Ihnen einmal ein Magen-Darm-Infekt zustoßen, wenn Sie etwas ganz Dringendes zu erledigen haben?

## 4. Familiäre Situation

Kranke Kinder, pflegebedürftige Großeltern, abwesende oder plötzlich abberufene Ehe- oder Lebenspartner gehören zum Grundrepertoire des Aus-Redners. Man kann es immer wieder – wohldosiert – einsetzen.

Todesfälle von Verwandten oder nahe stehenden Bekannten dürfen nur sehr sparsam eingesetzt werden; erstens gebietet das die Ehrfurcht vor den Lebenden und die Pietät gegenüber den tatsächlich Verstorbenen, und zweitens, selbst wenn man über beide Eigenschaften nicht verfügt, gehen einem schnell die Verwandten aus, wenn man sie reihenweise sterben lässt und spätestens beim angeheirateten Großneffen zweiten Grades mütterlicherseits ist dann Schluss.

Eine Besonderheit unserer Gesellschaftsverfassung betrifft Frauen. Ihnen wird auffallend geringes Verständnis entgegengebracht, wenn sie sich auf Probleme mit ihren Kindern berufen, ganz gleich, ob diese Probleme tatsächlich existieren oder nur für eine Ausrede herhalten sollen. Frauen bekommen dann schon mal von ihrem Arbeitgeber – noch häufiger aber von wohlmeinenden Kolleginnen – zu hören, sie müssten dann halt zu Hause bleiben, wenn sie mit ihren Gören nicht klarkämen. Viel größeres Verständnis werden sie finden, wenn sie angeben, dass sie mit der Katze oder dem Hamster zum Tierarzt mussten oder der Hund beim Gassigehen in etwas reingetreten ist.

Männer hingegen, die immer noch als Exoten gelten, wenn ihr familiäres Engagement über die Auslobung eines Taschengeldbetrags für die Kinder hinausgeht, können ein krankes Kind jederzeit als Ausrede anbringen. Sie finden nicht nur Verständnis, sondern fahren auch noch den Mitleidbonus ein: „Konnte Ihre Frau denn nicht … Ach und da mussten Sie …?"

## 5. Häusliche Katastrophen

Wasserrohrbrüche, die ausgefallene Etagenheizung, Einbrüche, defekte Abflüsse, undichte Dächer geben ein unerschöpfliches Reservoir für Ausreden. Nicht zu vergessen das Aussperren aus der eigenen Wohnung, während drinnen die Waschmaschine überläuft. Um sich eigene Katastrophen so lange wie möglich aufzusparen, empfiehlt es sich, die Unglücksfälle bei den Nachbarn anzusiedeln; es reicht für eine normale Ausrede, wenn man als Nachbar gewissermaßen mitbetroffen ist.

## 6. Hilfsbereitschaft

Mit dem Thema Hilfsbereitschaft können Sie, wenn Sie es geschickt anstellen, sogar Pluspunkte sammeln, vorausgesetzt, Sie setzen die Zutaten äußerst sparsam ein. So kann eine nicht rechtzeitig fertiggestellte Hausarbeit damit entschuldigt werden, dass Sie den Kindern (oder jüngeren Geschwistern) bei den Hausaufgaben helfen mussten. Natürlich können sich auch „gestandene" Erwachsene damit herausreden, für eine Kollegin, deren Sohn einen Unfall hatte, für einen jungen Kollegen, der eingearbeitet werden muss, oder für das Wohl der gesamten Abteilung, die total unterbesetzt war, die eigene Arbeit hintangestellt zu haben. Dieses Erklärungsmuster bietet sich jedoch besonders bei Schülern und Auszubildenden an: Die Fehlleistung ist – indem sie einem höheren Zweck geweiht wird – entschuldigt. Wenn es dann an der Fachnote hapert, steht man wenigstens im Sozialverhalten gut da. Vorsicht ist aber immer geboten; die Pose des uneigennützig handelnden Samariters wird einem nicht allzu oft abgenommen. Wer es übertreibt, setzt sich, schneller als er denkt, der Lächerlichkeit aus.

## 7. Berufliche Beanspruchung

Dieses Thema lässt sich im privaten Bereich vorzüglich einsetzen. Nicht nur wenn Sie Ihrem Partner oder Ihrer Partnerin mitteilen wollen, dass Sie heute Abend ein, zwei Stunden später kommen, einen Tag länger auf Dienstreise bleiben oder ein ganz wichtiges Wochenendseminar besuchen müssen, hilft die Erklärung, dass Ihre Firma vollen Einsatz von Ihnen verlangt.

Auch wenn es gilt, die Vorführung der Urlaubsvideos im Kreis der besten Freunde zu schwänzen oder einen unerwünschten Verwandtenbesuch abzuwehren, leistet das Argument der Arbeitsüberlastung als Ausrede gute Dienste. Vorsicht aber: Manches Mal wird es Ihnen passieren, dass Sie tatsächlich vor Arbeit nicht aus den Augen schauen können, aber sobald Sie das irgendwo anbringen, wird man es für eine faule Ausrede halten.

## 8. Zufällige Begegnungen

Sie haben Ihre Jugendliebe zufällig auf der Straße wiedergetroffen und Sie konnten seine Einladung auf einen Kaffee einfach nicht ausschlagen? Wie romantisch! Eine solche Erklärung wird höchstwahrscheinlich sowohl Ihren Chef gnädig stimmen als auch Ihrem Ehemann oder Lebenspartner genügen, wenn sie mal ein, zwei Stündchen zu spät kommen. Anders ist es, wenn Sie zwei Tage wegbleiben, weil Sie der Einladung Ihrer Jugendliebe zu einem kurzen gemeinsamen Landhausaufenthalt nicht widerstehen konnten. Das stellt zwar vielleicht noch Ihren Chef zufrieden, dürfte Ihren Ehemann oder Lebenspartner aber eher beunruhigen.

## 9. Retrograde Amnesie und andere Ausfälle

Gedächtnisverlust oder nervliche Überbeanspruchung sind unter Umständen der letzte Rettungsanker, wenn Sie etwas verbaselt haben oder ein Alibi brauchen und nun erklären müssen, warum sie nicht wenigstens angerufen haben. Das Grundmotiv ist: „Bei dem Stress habe ich überhaupt nicht mehr dran gedacht." Wenn Sie sich besonders sicher fühlen, können Sie sogar in die Offensive gehen: „Kann mich gar nicht daran erinnern, dass wir diesen Termin fest vereinbart hatten. Sind Sie da ganz sicher?"

## 10. Günstige Gelegenheit

Nicht nur für Frauen, die nach gängigem Klischee immer zu viel vom Geld ihrer Männer ausgeben, ist dieses Thema eine Fundgrube für Ausreden. Auch für plötzliche oder längere Abwesenheit bietet die „günstige Gelegenheit" einen guten Einstieg in eine akzeptable Ausrede. Die günstige Gelegenheit, mit Ministerialdirektor Rennenkampf eine Dampferfahrt über die Havelgewässer mitzumachen und sich bei ihm ins rechte Licht zu rücken, muss man sowohl dem schwer arbeitenden Mann als auch der toughen Erfolgsfrau zugestehen.

## An morgen denken

Vergessen Sie niemals, wenn Sie eine Ausrede anbringen wollen, dass Sie Ihrem Gegenüber auch morgen noch unter die Augen treten müssen. Berücksichtigen Sie also, wen Sie vor sich haben! Einem Staubsaugervertreter, den Sie abwimmeln wollen, ohne ihm allzu wehzutun, können Sie quasi jede noch so absurde Geschichte auftischen, ohne sich weitere Zukunftsgedanken machen zu müssen; Sie werden diesen Menschen nie wiedersehen – darin bestand ja der Sinn der Ausrede. Ganz anders stellt sich die Situation bei Ihrem Lebensgefährten oder bei engen Geschäftspartnern dar. Hier können nur Sie selbst entscheiden, wie belastbar die gegenseitige Vertrauensbasis ist, ob Sie in der Lage sind, auch selbst mit der Ausrede zu leben, die Sie gebraucht haben, ohne bei nächster Gelegenheit schamrot anzulaufen.

Unter Umständen ist es günstig, in der Ausrede ein Zukunftsversprechen zu verpacken. Dann kann sich derjenige, dem gegenüber Sie eine Ausrede gebrauchen, aussuchen, ob er Ihre Ausrede als Wahrheit akzeptiert, oder ob er Ihre Ausrede schnell ad acta legt und sich auf Ihr Zukunftsversprechen verlässt. Es ist ein Gebot der Anständigkeit, dass Sie dieses Zukunftsversprechen auch einhalten.

„Dem vollkommen wahrhaften Menschen haftet meist etwas Pedantisches, zuweilen etwas Schrullenhaftes, gelegentlich sogar etwas Bösartiges an, sodass man sich seiner hohen Tugend so recht von Herzen doch nicht erfreuen kann", schrieb einmal Arthur Schnitzler. „Denn wie destilliertes Wasser nicht nur fade schmeckt, sondern auf die Dauer nicht einmal den Durst zu stillen vermag und etlicher, im chemischen Sinne verunreinigender Bestandteile dringend bedarf, um überhaupt genießbar zu sein, so muss in der menschlichen Seele dem Reinen etwas Trübes, dem himmlischen Element ein irdisches, wenn nicht gar teuflisches, und somit auch der Tugend aller Tugenden: der Wahrhaftigkeit ein leiser Hauch von Lüge beigemischt sein, damit die edle Eigenschaft nicht nur zu ideeller Entfaltung, sondern auch zu fruchtbarer Wirkung in die Welt gelangen könne."

# Schule und Ausbildung

## Vergessene Hausaufgaben

Zu den häufigsten Fehlleistungen im Alltag des Schülers gehören vergessene oder nicht erledigte Hausaufgaben. Gründe dafür gibt es viele. Wer keine guten Gründe hat, braucht wenigstens gute Ausreden.

> Tut mir leid, Herr Langner, aber ich habe heute in der Frühe meinen Kaffee (Tee, Kakao) über die Hausaufgaben geschüttet. Deshalb habe ich die Seite herausgerissen. Ich reiche sie bald nach.

Im Deutschunterricht wurde das Thema Körpersprache behandelt. Dazu wurde als Hausaufgabe ein Foto mitgegeben, auf dem eine Frau und ein Mann mit typischen körpersprachlichen Gesten abgebildet waren. Bis zur nächsten Stunde sollten die Schüler aufschreiben, was die Frau und der Mann auf dem Foto sagen würden, wenn sie die Körpersprache in Worte fassten. Eine Schülerin, die diese Hausaufgabe nicht erledigt hatte, wand sich besonders eindrucksvoll heraus:

> Die Gedanken der beiden waren so unanständig, ja pervers, dass ich mich regelrecht geschämt habe, das alles aufzuschreiben.

Bei der Lehrerin soll diese Ausrede sogar gut angekommen sein.

> Ich habe die Hausaufgaben gemacht. Aber ich wollte sie noch für einen Freund kopieren. Aber als ich die Blätter in den Kopierer gesteckt hatte, kamen sie nicht wieder raus. Irgendein Papierstau. Ich habe den Kopierer zwar auseinander genommen, aber es war nichts mehr zu retten. Das Ding hat alles aufgefressen.

◆

> Ich habe die Hausaufgabe in meinen elektronischen Terminplaner eingegeben. Der ist mir gestern nach der Schule runtergefallen und ging kaputt. Ich wusste also gar nicht, was wir auf hatten.

◆

> Ich habe das Referat für heute am Computer erarbeitet, damit ich Ihnen einen sauberen Ausdruck vorlegen kann, Herr Knöppler. Ich war fast fertig damit, bin bloß mal kurz in die Küche gegangen, um mir eine Cola zu holen. In der Zwischenzeit hat sich mein kleiner Bruder an den Computer gesetzt und irgend so ein idiotisches Knallaballa-Spiel geöffnet. Und natürlich hat er mein Referat nicht gespeichert, sondern die Datei ohne Speichern geschlossen. Alles futsch. Die ganze Arbeit umsonst. Ich war vielleicht sauer.

◆

> Mein Computer hat einen Virus, der Virus hat einen Teil der Daten zerstört. Die Hausaufgaben waren leider auch dabei.

◆

> Der Hausaufgabenserver war wieder mal nicht am Netz.

Mir ist die Tinte ausgegangen und ich habe nichts anderes zu schreiben gefunden.

◆

Mein kleiner Bruder hat sich wohl einen üblen Scherz mit mir erlaubt. Er hat mir Tinte in den Füller gefüllt, die einige Stunden nach dem Schreiben wieder verschwindet.

Der Schüler oder Auszubildende muss in dieser Situation nur noch entsprechend fassungslos auf ein leeres Blatt starren. Auch Haareraufen ist eine angemessene körpersprachliche Kommentierung des Entsetzens.

Mein kleiner Bruder ist in der analen Phase. Nimmt doch glatt meine Unterlagen und deckt damit sein Häufchen zu, das er auf den Teppich gesetzt hat.

◆

Ich konnte meine Hausaufgaben leider nicht machen, weil ich in der letzten Nacht meinen Rausch ausschlafen musste, um heute im Unterricht wieder topfit zu sein.

◆

Meine Oma ist umgekippt und wir mussten sie ins Krankenhaus bringen. Auf dem Weg ins Krankenhaus haben wir dann eine Katze angefahren, die konnten wir doch nicht einfach auf der Straße liegen lassen. Also habe ich sie dann in die Tierklinik gebracht, denn meine Eltern waren ja mit Omi im Krankenhaus. Als wir uns dann am späten Abend alle wieder zu Hause trafen, war ich viel zu aufgeregt, da wollte ich natürlich zuerst wissen, wie es meiner Oma geht, dann musste ich erzählen, wie der Tierarzt die Katze versorgt hat. Die Hausaufgaben habe ich dabei völlig vergessen.

Der Lehrer war von dieser fantastischen Geschichte so angetan, dass er sie anstelle der Hausaufgaben gelten ließ.

Ich konnte die Hausaufgaben nicht machen, ich habe sie gar nicht richtig verstanden, könnten Sie mir das vielleicht bitte noch mal erklären?

◆

Entschuldigung, Frau Brettschneider, ich hatte gestern den ganzen Tag Training fürs Cheerleader-Nahkampfsternsingen – am Wochenende findet ein international besetztes Turnier statt. Und Sie wollen doch auch nicht, dass wir gegen die Amerikanerinnen verlieren. Oder?

◆

Entschuldigung, ich hatte einfach keine Zeit, sie noch von jemandem abzuschreiben.

◆

Ich habe ein neues Heft angefangen und deswegen das alte, in dem meine Hausaufgabe drin ist, leider heute nicht dabei.

◆

Herr Lewerenz, mein Tischnachbar und ich haben die Hausaufgaben zusammen gemacht.

Diese Ausrede zieht natürlich nur, wenn der Tischnachbar die Hausaufgaben gemacht hat und einverstanden ist.

Mir ist gestern Nachmittag der Hausschlüssel durch den Abtreter vor unserem Haus gefallen. Ich habe mit einem Stück Draht danach geangelt. Als ich ihn schon fast hatte, ist er noch tiefer reingefallen, bis runter in den Keller. Der Hausmeister konnte auch nicht kommen, weil er gerade einen Rohrbruch reparierte. So musste ich warten, bis abends meine Eltern nach Hause kamen. Für die Hausaufgaben war ich dann zu müde.

## Vokabeln oder Lehrstoff nicht gelernt

Vokabeln nicht gelernt? Kommt häufig vor. Schadet nicht, wenn man eine originelle Ausrede parat hat. Nutzt auch meistens nichts. Aber man sollte es wenigstens versucht haben.

Gestern wurde bei uns zu Hause eingebrochen, aber sie haben zum Glück nur mein Englischbuch mitgenommen.

◆

Ich konnte meine Vokabeln nicht lernen, weil ich mein Vokabelheft in der Schule vergessen hatte. Dann habe ich mir das Heft von jemandem aus der Parallelklasse ausgeliehen, doch leider konnte ich die Schrift nicht entziffern! Ich wollte mir noch von jemand anderem das Heft leihen, aber da war es schon so dunkel, dass ich sowieso nichts mehr lesen konnte.

◆

Mein kleiner Bruder hat die CD mit dem Vokabeltrainer als Frisbee-Scheibe benutzt. Anschließend konnte der Computer sie nicht mehr einlesen.

◆

Mein Französischbuch hatte ich auf die Fensterbank gelegt; plötzlich wurde es vom Winde weggeweht. Bis jetzt habe ich es noch nicht wiedergefunden.

◆

Leider konnte ich die Vokabeln gestern nicht lernen, da mein kleiner Bruder die CD versteckt hatte.

◆

Beim Vokabellernen fiel mein Buch dummerweise in den Goldfischteich und beim Trocknen auf dem Toaster ist leider gerade der Vokabelteil verbrannt.

Mein New Yorker Freund Nick wollte die Vokabeln übers Internet mit mir pauken. Seine Aussprache ist zwar etwas amerikanisch, aber beim Chatten macht das ja nichts. Leider ist der Rechner ständig abgestürzt.

◆

Es ist mir sehr unangenehm. Mein Nachbar hatte dummerweise den Zettel eingesteckt, auf dem das Gedicht stand, das wir interpretieren sollten!

◆

Ich habe immer wieder auf den gleichen Text gestarrt. Aber Ihre tollen blauen Augen gingen mir nicht aus dem Kopf. Ich konnte mich gar nicht richtig konzentrieren.

## Zu spät dran

Ich bin bei der Morgenandacht eingeschlafen.

◆

Meine Fahrradkette ist gerissen und die Reparatur hat über eine Stunde gedauert. Sie wissen ja, dass ich handwerklich nicht sehr geschickt bin. Aber das Auto wollte ich nicht nehmen – wegen der Umweltverschmutzung.

◆

Als ich heute Morgen im Frühstücksfernsehen mein Tageshoroskop mitbekam, wusste ich, dass aus diesem Tag nichts werden kann. Da habe ich mich entschlossen, zwei Stunden später aus dem Haus zu gehen. Immerhin zwei Stunden weniger, in denen mir etwas zustoßen kann …

◆

Danke, Frau Hein. Aber könnten Sie mir das auch schriftlich geben? Ich habe mit meinen Eltern um 50 Eier gewettet, dass Sie mich anpfeifen, wenn ich zwei Stunden zu spät komme. Die Wette habe ich gewonnen.

Es tut mir Leid, dass ich mich verspäte, aber das Frühstücksfernsehen war so langweilig, dass ich vor dem Fernseher wieder eingeschlafen und erst gegen neun wieder aufgewacht bin.

◆

Bitte entschuldigen Sie meine Verspätung! Meine S-Bahn (U-Bahn, Straßenbahn) hatte eine Betriebsstörung. Ich musste den ganzen Weg laufen.

◆

Ich konnte die Schule wegen des dichten Nebels nicht finden! Bitte entschuldigen Sie mein verspätetes Erscheinen.

Diese Ausrede ist natürlich völlig unsinnig und erhebt entgegen der eingangs vorgeschlagenen Eigenschaften wie Nähe zur Wahrheit, Wahrscheinlichkeit und Häufigkeit der geschilderten Sachverhalte keinen Anspruch auf Glaubwürdigkeit. Sie gehört nichtsdestotrotz zu den klassischen Ausreden, die von Lehrern immer mal wieder gern gehört werden. Aber nur einmal! So verhält es sich auch mit der folgenden Ausrede:

„Da war plötzlich ein Leuchten am Himmel. Ich hielt an. Es gab keinen Zweifel: Ufos! Sie kamen von allen Seiten. Sie schwebten direkt über mir, ließen einen Energiestrahl zu mir nieder, der mich in eins ihrer Raumfahrzeuge beförderte. Das war gegen halb acht. Von da an weiß ich nichts mehr."

◆

„Sorry, ich hab keinen Parkplatz gefunden!"

◆

„Ich habe direkt vor der Uni (Schule u. Ä.) einen Parkplatz gefunden. Darüber war ich so erschrocken, dass ich erst mal eine Tasse Kaffee trinken musste. Und darüber habe ich dann die Zeit verpasst."

## Abschreiben / Mogeln

Mein Augenarzt hat mir Augenübungen verordnet.

◆

Was? Ich? Abgucken? Sie kommen ja vielleicht auf Ideen! Ich will jetzt einfach nur die Fußballergebnisse wissen.

◆

Abgeschrieben? Gucken Sie sich doch mal die Schrift meines Nachbarn an! Können Sie das etwa lesen? Wie soll man abschreiben, was man gar nicht lesen kann.

◆

Ich habe mich doch nur gerade über den Unsinn gewundert, den mein Nachbar da aufgeschrieben hat.

◆

Das ist kein Spickzettel! Darauf habe ich nur alle Ergebnisse notiert, die will ich zu Hause im Lehrbuch abgleichen, damit ich weiß, welche Note ich von Ihnen zu erwarten habe.

◆

Mein Nachbar hat mich gebeten, einen Blick auf seine Ergebnisse zu werfen und ihm in der Pause die Richtigkeit zu bestätigen.

◆

Ich weiß auch nicht, wer auf der Toilette die Bücher und Tabellen vergessen hat.

◆

Wieso Kladde? Ich arbeite daran, das Neue Testament auf einen Radiergummi zu schreiben. Und das ist lediglich eine Schriftprobe.

◆

Am Beginn jeder ernsthaften Gesetzesvorlage steht ein Referentenentwurf. Was Sie als Kladde bezeichnen, ist mein Referentenentwurf.

## Blaumachen

> Ich war felsenfest davon überzeugt, dass gestern Sonntag war. Ich bin schon die ganze letzte Woche durcheinander gekommen. Jetzt weiß ich überhaupt nicht mehr, was los ist. Welcher Tag ist denn nun heute? Montag oder Dienstag?

◆

> Wir hatten am Wochenende ein Kinderfest. Da bin ich beim Sackhüpfen gestolpert. Ich musste erst mal die schwere Prellung am Knie auskurieren.

◆

> Ich hatte einfach null Bock auf Schule!

Diese Ausrede, die keine Ausrede ist sondern die pure Wahrheit, überzeugt erfahrungsgemäß den einen oder anderen Lehrer. Auch Lehrer haben häufig null Bock auf Schule.

Für die folgende Ausrede muss man sich die Mühe machen, dennoch den Weg bis zur Schule zu gehen. Dann, nachdem der Unterricht gerade begonnen hat, stürzt man aufgeregt in die Klasse und ruft:

> Verdammt! Sie haben mich gefunden. Sie sind mir auf den Fersen ! Ich muss sofort verschwinden.

Danach muss man wieder panisch und mit höchstem Tempo den Klassenraum verlassen. Empfohlen wird, die Tür hinter sich zuzuschlagen. Auf jeden Fall darf man sich für den Rest des Tages nicht mehr blicken lassen! Aber darin besteht ja gerade der Zweck der ganzen Übung.

> Entschuldigen Sie bitte mein gestriges Fernbleiben. Gern hätte ich Ihrem Unterricht beigewohnt, aber meine Cessna hatte einen Motorschaden!

Für alle, die in Sachen Ausreden immer auf dem neuesten Stand sein wollen, seien die folgenden Internetadressen empfohlen:
http://www.home.ch/-spaw2462/ausbildung/kzowetzikon/ausreden.htm
http://www.entschuldigungszettel.de/schule.htm

Die zweite Adresse bietet dem User eine Eingabemaske, mit deren Hilfe man sich einen originellen Entschuldigungszettel – den ersten voll klickbaren Entschuldigungszettel – selbst erstellen kann.
Referate, jede Menge Ausreden und Schummeltipps, dazu alles, was Studenten wissen müssen, gibts auf
http://www.cheatweb.de.

# Beruf und Arbeitswelt

## Büroschlaf ist der gesündeste

Es war eine tolle Nacht. Und diese Nacht war schließlich nicht allein zum Schlafen da. Was immer Sie in der Nacht angestellt haben: Ihre Tagesform hat jedenfalls beträchtlich darunter gelitten.
Sie kommen müde und zerschlagen an Ihren Schreibtisch und wollen das Defizit durch den herrlich entspannenden Büroschlaf ausgleichen. Doch plötzlich steht der Chef oder die Abteilungsleiterin vor Ihnen. Und steht im Begriffe zu explodieren.
Sie sollten nicht warten, bis die Explosion erfolgt, der Vulkan ausbricht und die Lava von Beschimpfungen, Vorhaltungen und Ermahnungen sich über sie ergießt. Schon bevor Sie es sich am Schreibtisch bequem machen und die Augen schließen, können Sie sich – für den Fall der Fälle – eine Ausrede zurechtlegen. Und das ist ganz wörtlich gemeint. Sie müssen nicht einmal Geistesgegenwart beweisen. Mit etwas gestalterischem Geschick haben Sie das Aus-Redemanuskript vor sich auf dem Schreibtisch in die üblich Unordnung eingebaut. Denn diese Situation muss Sie nicht unvorbereitet treffen; an Ihrem Schreibtisch genießen Sie Heimvorteil. Nutzen Sie ihn!

Sie haben mehrere Möglichkeiten, auf das Ertapptwerden zu reagieren:

- Variante 1: Sie streiten ab, geschlafen zu haben, und erklären, was Sie stattdessen getan haben.
- Variante 2: Sie geben zu, geschlafen zu haben, finden dafür aber eine originelle Ursache.
- Variante 3: Sie gehen in die Offensive und reden von etwas ganz anderem.

## Variante 1

Das war gerade meine 15-Minuten-Power-Meditation. Die wende ich an, seit man sie uns auf der letzten Fortbildung beigebracht hat. Erinnern Sie sich denn nicht? Das war doch der verdammt teure Lehrgang, auf den Sie mich geschickt haben.“

◆

Wie kommen Sie nur darauf, dass ich geschlafen habe? Ich habe unsere Unternehmensziele visualisiert. Genau so hat es Bill Gates gemacht und dabei ist ihm dies und DOS eingefallen.

◆

Immer wenn ich diese komplizierten Arbeitsabläufe als Modellrechnungen innerlich simulieren möchte, falle ich in eine Art Trance. Dieser Zustand wird nach einer kurzen Flimmerphase durch mehrere Stunden hyperaktiver Arbeitstätigkeit abgelöst.

## Variante 2

Die Kaffeemaschine ist kaputt.

◆

Entschuldigen Sie, Chefin, heute Morgen hat mich der Blutspendedienst schon vorsorglich darauf hingewiesen, dass so etwas im Laufe des Tages passieren könnte.

Es war also doch Kaffee Hag!

◆

Sie haben Recht, es war der gefürchtete und völlig überraschende Sekundenschlaf, der für Workaholics so typisch ist. Seien Sie froh, dass es mir hier im Büro passiert ist und nicht im Dienstwagen auf der Autobahn.

◆

Kennen Sie die Untersuchung von Stumpfbeil-Geiernagel über erfolgreiche Manager? Dies ist einer von sieben Gründen, warum sie so erfolgreich sind.

◆

Das gehört zu einer Versuchsreihe. Ich teste für den Betriebsrat die Computertastaturen auf Belastbarkeit und Anfälligkeit für Speichelflüssigkeit.

◆

Sie werden doch nicht etwa Leute diskriminieren, die Yoga üben?!

◆

Verdammt – warum haben Sie mich aufgeweckt?! Gerade hatte ich die Lösung für unsere Finanzprobleme!

◆

Unsinn, ich habe nicht geschlafen! Ich bin Allergiker. Und deshalb bin ich darauf angewiesen, mir meine Kontaktlinsen einzusetzen, ohne die Hände zu benutzen.

◆

Sie werden es nicht glauben: Der Postbote war total durchgeknallt und lief mit einem Gewehr hier durch die Flure. Da habe ich es für besser gehalten, mich vorübergehend tot zu stellen.

◆

Das ist bei mir genetisch bedingt.

◆

Sie sind einfach im falschen Augenblick gekommen, Chef!

## Variante 3

Ich habe gerade intensiv darüber nachgedacht, wann ich Sie das letzte Mal um eine Gehaltserhöhung gebeten habe. Und, Chef, ich habe sehr lange nachgedacht und mir ist nichts eingefallen.

◆

Sagen Sie mal, Chef, Sie wollten schon lange auf Dienstreise sein. Finden Sie das in Ordnung, dass Sie Ihren Mitarbeitern ein solches Beispiel von Unzuverlässigkeit geben?

◆

Stimmt es eigentlich, Chef, dass sich in den haarfeinen Rissen, die ich gerade auf der Schreibtischplatte entdeckt habe, Keime und Pilzsporen entwickeln, die einem Allergiker zum Verhängnis werden können?

# Leider nicht geschafft

Es kommt vor, dass eine Arbeit nicht fertig geworden ist, die dringend hätte fertig werden sollen. Das kann eine Arbeit sein, die Sie von zu Hause aus erledigen wollten, das kann ebenso gut eine Arbeit sein, die Sie im Büro nicht geschafft haben.

Wenn es nun mal so ist, müssen Sie es in den Augen des Chefs so darstellen, dass es gewichtige Gründe dafür gab. Natürlich dürfen diese Gründe nicht bei Ihnen liegen, sonst könnten Sie ja gleich die Wahrheit sagen.

Grundsätzlich eignen sich als Motive für Ihre Ausrede die „Tücke des Objekts" und „höhere Gewalt". Selbstverständlich sollten Sie dabei auf ein Mindestmaß an Glaubwürdigkeit achten. Erklären Sie also nicht, Ihr überfälliger Bericht sei soeben von einem Windstoß aus dem Fenster geweht worden, wenn Sie in einem vollklimatisierten Büro arbeiten, dessen Fenster sich überhaupt nicht öffnen lassen.

Stellen Sie bei der Auswahl Ihrer Ausrede stets die Möglichkeiten der modernen Bürotechnik in Rechnung. Das hat insofern Vorteile, als auf der Festplatte eines Computers die unheimlichsten Dinge geschehen können (Motiv: „Tücke des Objekts"), die das Verschwinden kompletter Buchmanuskripte rechtfertigen. Der Nachteil für den Aus-Redner liegt freilich darin, dass der Verlust eines Ausdrucks auf der Fensterbank (Motiv: „höhere Gewalt") von Ihrem Chef möglicherweise mit der Aufforderung übergangen wird: „Na, dann drucken Sie es mir halt noch mal aus!" Und dann stehen Sie da.

> Der Mieter über mir hatte einen Wasserrohrbruch, das Wasser ist durch die Decke gekommen und genau auf die Analyse getropft, die ich Ihnen heute geben wollte.
>
> ◆
>
> Ich hatte die Arbeit nur kurz auf die Fensterbank liegen gelassen, und während ich in der Poststelle war, hat ein Gewitterguss die vollkommen aufgeweicht.
>
> ◆
>
> Mein Computer hat gestreikt und das CD-ROM-Laufwerk hat die CD einfach nicht aufgenommen. Die Hotline war auch ziemlich kalt; bis das Problem behoben war, musste ich erst mal andere Arbeiten erledigen.
>
> ◆
>
> Der PC hat mich heute ständig gemobbt, dafür muss er jetzt in Reparatur. Aber die Arbeit konnte ich zum Termin natürlich nicht schaffen. Morgen soll ich erst mal ein Ersatzgerät bekommen. Da mach ich mich dann gleich ran.
>
> ◆
>
> Der Drucker spinnt. Als noch jeder seinen eigenen Drucker hatte, ist das nie passiert. Chefin, ich kann Ihnen doch nicht falsch bedrucktes Toilettenendlospapier anbieten.
>
> ◆
>
> Sagen Sie mal, Chef, haben wir für diesen Kopierer eigentlich einen Wartungsvertrag? Der produziert nämlich laufend Papierstau. Außerdem versaut er die Originale.

Tut mir Leid. Die Präsentationsunterlagen sind im Eimer, die Kaffeemaschine hat das gesamte Büro vollgespritzt. Da waren die Präsentationsunterlagen noch das Harmloseste, was nicht mehr zu gebrauchen ist.

◆

Jetzt mal im Ernst: War das wirklich meine Aufgabe?

◆

Hätte ich das machen sollen? Ich habe mich gar nicht persönlich angesprochen gefühlt.

◆

Ich hätte Ihnen ja gern eher geholfen, aber ich musste erst einmal einen hysterischen Anfall Ihres Chefs abfangen und den Mann wieder einigermaßen beruhigen, ehe ich an meine eigentlich Arbeit gehen konnte.

◆

Ich hatte das gesamte Material auf der Diskette abgespeichert. Als ich das Verzeichnis öffnen wollte, zeigte der Computer an: „Irreparabler Diskettenfehler". Jetzt habe ich die Diskette in die EDV-Abteilung gebracht. Die versuchen dort zu retten, was zu retten ist.

## Zu spät dran

Ich wollte, wie jeden Tag, meine Tochter in den Kindergarten bringen. Als ich dort vor der verschlossenen Tür stand, las ich einen Zettel, dass der Kindergarten heute wegen Betriebsversammlung geschlossen ist. Also bin ich wieder zurück und habe erst noch eine Tagesmutter organisiert. Ich bin froh, das am Ende alles noch geklappt hat.

Ein instruktives Beispiel für ein wohlwollendes Selbstzeugnis: Mit dieser Ausrede geben Sie an, dass Sie normalerweise die Routine des Alltags voll im Griff haben. Nur ein unvorhersehbares Ereignis – statt der Betriebsversammlung kann es auch eine Ungezieferbekämpfung, Asbestsanierung, Heizungsreparatur oder Ähnliches sein – kann Sie vorübergehend aus der Bahn werfen. Dabei übergehen Sie taktvoll die Tatsache, dass der bewusste Zettel wahrscheinlich schon mindestens eine Woche lang am Kindergarten aushing. Sie haben ihn erst am fraglichen Morgen gelesen. Die Schilderung, wie Sie eine Tagesmutter herbeigeholt haben, spricht für ihr Talent, auch verfahrene Situationen zu managen. Sie können diese Passage auch noch etwas ausschmücken. Und mit dem Schluss teilen Sie dem Empfänger der Ausrede noch etwas mit, das es ihm unmöglich machen soll, Sie streng zu rügen. Sie sagen, Sie wären froh, dass alles noch geklappt hat, aber Sie meinen, er – der Empfänger, in den meisten Fällen der Arbeitgeber – könne froh sein, dass Sie überhaupt noch gekommen sind.

> Ich bin direkt vor unserer Haustür in einen Haufen Hundescheiße getreten. Ich konnte unmöglich so zur Präsentation kommen. Ich musste mich erst reinigen und dann etwas Frisches anziehen.

Wenn Sie es noch einen Zahn schärfer wollen, dann treten Sie doch direkt vor dem Haupteingang Ihres Unternehmens in den Hundehaufen. Dann haben Sie fast schon einen Arbeitsunfall erlitten und können unterschwellig Ihrem Chef die Vernachlässigung der Fürsorgepflicht gegenüber seinen Mitarbeitern vorhalten.

> Ich musste meine schwangere Nachbarin in die Klinik bringen. Sie bekommt ihr erstes Kind und ist verständlicherweise überängstlich.

Der Zusatz erlaubt, dass Sie die schwangere Nachbarin in den kommenden Tagen ruhig noch ein, zwei Mal als Ausrede heranziehen können.

Meine Tochter hatte meine Haarbürste genommen und ich stand mit strubbeligem, nassem Haar im Bad und konnte mich nicht frisieren. Denn natürlich legt die liebe Kleine nie wieder etwas dahin zurück, wo sie es hergenommen hat. Schaut doch bloß mal, wie ich aussehe!

◆

Die Katze meines Nachbarn war auf unserem Balkon. Und der Nachbar selbst war nicht da. Wahrscheinlich hatte er sie aus Versehen ausgesperrt. Ich konnte doch nicht einfach aus dem Haus gehen! Natürlich musste ich mich erst einmal um das verwirrte Tier kümmern.

◆

Wir haben ein französisches Aupairmädchen. Ich kam zwei Stunden lang nicht ins Bad.

◆

Ich konnte nicht kommen, die Katze hatte in meine Schuhe gejungt.

◆

Stellt euch vor, der Bus war so voll, dass ich an der Haltestelle gar nicht bis zur Tür kam. Ich musste bis zur Endstation fahren und dann wieder zurück.

Viel Stoff für Ausreden bietet das schier unerschöpfliche Thema Auto. Ein Mann sollte, namentlich unter männlichen Kollegen, Ausreden unter Zuhilfenahme des Themas Auto nur äußerst vorsichtig gebrauchen. Unter Männern ist es eine Frage der Ehre, dass man die Probleme mit seinem Auto im Griff hat.
Als Frau hingegen bringt es Ihnen die Bewunderung der männlichen Kollegen ein, wenn Sie erfolgreich mit ihrem Auto gerungen haben. Auf Ihre Verspätung wird man dann kaum noch achten.
Vergessen Sie nicht, Ihre Hände vor dem Eintreffen im Büro etwas schmutzig und ölig zu machen. Verlangen Sie als erstes ein Kleenex oder Küchentuch und legen Sie dann etwa so los:

Die Kerzen im neuen Fiat sind wirklich ungünstig angebracht. Man braucht einen ziemlich langen Steckschlüssel, um überhaupt Kraft ansetzen zu können. Zum Glück hat man ja immer Werkzeug dabei.

◆

Der dauernde Stadtverkehr mit Stau und Stop and Go macht die Zündkerzen regelrecht fertig. Vor vier Wochen gewechselt! Und heute Morgen waren die Kontakte schon wieder ganz verrußt.

◆

Ich habe erst ewig an den Zündkerzen herumgeputzt, am Ende war dann doch Kondenswasser im Zündverteiler. Dürfte doch eigentlich nicht sein? Oder, was meinen Sie?

◆

Ich hatte heute Morgen ein ganz komisches Gefühl beim Bremsen. Ich hab es erst mal selber untersucht, aber nichts gefunden. Dann bin gleich in die Werkstatt gefahren. Und dort sagten Sie mir, ein Marder hätte den Bremsschlauch durchgebissen. Das hätte ich nie für möglich gehalten. Aber in der Werkstatt sagten sie mir, das käme häufiger vor, als man denkt.

◆

Heute morgen war die Batterie total runter. Dabei ist es doch noch gar nicht so kalt! Na, da stand ich halt da, mit meinem Starthilfekabel in der Hand, und musste warten, bis jemand vorbeikam, der mir etwas von seiner Energie abgab. Würden Sie mir vielleicht heute Abend helfen, falls ich wieder in Schwierigkeiten komme?

◆

Tut mir echt Leid, aber in meinem Haus wohnen nur Spätaufsteher. Ich war heute früh total zugeparkt und kam erst weg, als meine Damen und Herren Nachbarn das Haus verließen.

> Ich hatte leichtsinnigerweise unter Lindenbäumen geparkt. Na, die Schweinerei hättet ihr sehen sollen! Ich habe kaum die Autotür aufbekommen, so verklebt war alles. Und durch die Scheiben: keinerlei Durchsicht. Die Scheibenwaschanlage war ohne Chance. Ich musste im Schritttempo in die Waschanlage fahren und mein Auto mit einem Spezialreiniger behandeln lassen.

Beim Anruf von unterwegs müssen Sie sich auf höhere Gewalt berufen und überzeugend darstellen, dass Sie unwiderruflich festsitzen. Keinesfalls dürfen Sie sich von Vorschlägen, wie Sie Ihr Auto schnell wieder flottbekommen, von Ihrer Linie abbringen lassen.

> Chef, ich stehe gerade in der Werkstatt und lasse Winterreifen aufziehen. Sie können sich vielleicht vorstellen, dass ich nicht der Einzige bin. Nein, ich kann noch nicht sagen, wie lange es dauert.

◆

> So was ist mir ja noch nie passiert! Ich habe meinen Mann noch gefragt, ob irgendwas mit dem Auto ist. Nein, hat er gesagt. Und jetzt bleibe ich mit leerem Tank auf der Landstraße liegen. Ich muss erst mal jemanden finden, der mich bis zur nächsten Tankstelle mitnimmt. Ich meld mich dann wieder.

◆

> Ich rufe vom Krankenhaus an. Ich war heute Morgen Blut spenden. Danach ist mir schlecht geworden. Ich bin glatt umgekippt. Haben die Weißkittel mich für zwei Stunden flach gelegt. Ich komme, sobald ich wieder auf den Beinen bin.

Wenn Sie es sich erlauben können, etwas laxer mit der Wahrheit umzugehen, schalten Sie ruhig ein paar fantastische Details ein. Da staunt der Chef und die Mitarbeiter wundern sich.

Es gab im Transporterraum ein Problem mit der Energiezufuhr. Darum konnte ich mich nicht mehr rechtzeitig runterbeamen.

◆

Ich war mal kurz auf dem Holodeck. Aber da gingen die Uhren wohl anders.

◆

Das muss an der Zeitverzögerung liegen, der man ausgesetzt ist, wenn man sich der Lichtgeschwindigkeit nähert. Haben Sie noch nie was von der Relativitätstheorie gehört?

◆

Ich habe mich zwar beeilt. Aber Sie haben ja keine Ahnung, wie viele Sicherheitschecks man auf Area 51 über sich ergehen lassen muss, wenn man da wieder weg will?

## Termin verbrummt

Jemand muss meinen Time-Planer verlegt haben.

◆

Meine elektronische Termin-Datenbank ist abgestürzt.

◆

Der Urlaub war lange vorher geplant. Haben Sie denn den Urlaubsantrag nicht selber unterschrieben?

◆

Ich hatte mir vor dem Urlaub den Termin mit schwarzem Edding auf die Tapete gemalt, damit ich ihn nicht vergesse; leider hat während meiner Abwesenheit jemand mein Büro neu tapeziert.

◆

Mein Mann hatte sich beim Schrauben am Auto verletzt. Wir haben befürchtet, dass er eine Blutvergiftung bekommt. Da wollte ich ihn nicht allein lassen. Wir sind dann zusammen ins Krankenhaus gefahren.

Mein Mann wollte mir eine Freude machen und einen Kuchen für mich backen. Seit gestern Abend können wir die Wohnung wieder bewohnen.

◆

Tut mir leid. Ich war krank. Mein Mann hat gekocht.

◆

Meine Frau erwartet schon wieder ein Kind. Gestern dachten wir, die Wehen setzen ein. Bin ich mit ihr in die Klinik gefahren. War aber blinder Alarm.

◆

Ich bin doch ein rechtes Huschelchen. Da habe ich doch glatt die „14“ mit der „17“ verwechselt.

◆

Nein, ich habe Ihr Fax nicht bekommen. Sonst hätte ich Ihnen doch gleich gesagt, dass es zu dem Zeitpunkt nicht klappt.

Für telefonisch vorgebrachte Absagen oder Ausreden macht sich immer ein Arzt- oder Werkstatttermin gut.

Mein Zwölfzylinder hatte einen Elfzylinder-Ausfall. Nee, also mal im Ernst. Der Motor machte so komische Geräusche, dass ich erstmal in die Werkstatt musste.

◆

Ich hatte vergessen, es Ihnen schon gestern zu sagen. Ich muss heute einen dringenden Arzttermin wahrnehmen. Ich kann auch zum jetzigen Zeitpunkt noch nicht sagen, wie lange es dauern wird.

◆

Wir hatten in der Nacht einen schrecklichen Schneesturm. Es ist mir noch nicht gelungen, meine Garage so weit freizuschaufeln, dass ich mit dem Auto die Straße erreichen kann. Ich melde mich, wenn ich Licht sehe.

Chef, auf dem Weg zur Arbeit habe ich lauter liegen gebliebene und in den Straßengraben gerutschte Autos gesehen. Da bin ich vor Schreck wieder umgekehrt, weil ich doch selber auch noch keine Winterreifen aufgezogen habe.

◆

Ich hatte mir noch einen Friseurtermin auf den Vormittag gelegt. Aber dort passierte ein Unglück mit der Trockenhaube. Das Gerät hatte sich in meinen Haaren festgefressen. Ein Monteur musste kommen und mich aus dem Gerät befreien. Ein Wunder, dass der Meister hinterher meine Frisur noch so hin gekriegt hat.

◆

Ich hatte eine wahnsinnig tolle Nacht mit meiner Frau/Freundin/Geliebten (meinem Mann/Freund/Geliebten). Anschließend habe ich eine postkoitale Amnesie erlitten und konnte mich einfach an keinen Termin mehr erinnern.

## Blaumachen

Wenn Sie mal einen Tag blaumachen oder sich vor einer unangenehmen Wochenendschulung drücken wollen, die Ihr Chef angesetzt hat, brauchen Sie einen besonderen Typus von Ausreden. Die aufgeführte Begründung für Ihre Abwesenheit muss einerseits so dramatisch ausfallen, dass niemand auf die Idee kommt, Ihre Unabkömmlichkeit zu bestreiten, andererseits in zureichendem Maße glaubwürdig sein, um den Chef nicht auf die Idee zu bringen, Ihre Geschichte zu überprüfen. Wenn die Glaubwürdigkeit der Ausrede nicht hoch genug ist, dann müssen die dargelegten Fakten wenigstens weitgehend unüberprüfbar sein. Sonst könnte es ein böses Erwachen geben wie für jenen Mann aus dem Rheinland, der seinem Arbeitgeber eine amtliche Sterbeurkunde vorgelegt und den Tod seiner Mutter angezeigt hatte. Der 30-Jährige beantragte die ihm zustehenden zwei Tage Sonderurlaub für die Erledigung der Formalitäten und bekam sie. Wie der Zufall aber spielte, lief die verstorbene Mutter in Köln einem Arbeitskollegen des jungen Mannes über den Weg. Pech für den „Trauernden". Der Arbeitgeber schaltete die Polizei ein, um dieser seltsamen Auferstehung auf den Grund zu gehen. Dabei stellte sich heraus, dass der Blaumacher die Sterbeurkunde seines Onkels geschickt frisiert und mit den Daten seiner Mutter versehen hatte.

Das war ein echter Interessenkonflikt. Ich musste eine außerordentliche Sitzung des Kleintierzüchterverbandes besuchen. Unser Ortsvorstand war geschlossen zurückgetreten und musste neu gewählt werden.

◆

Ich hatte mich bei der Gartenarbeit am Fuß verletzt. Ich war in großer Sorge, weil ich doch nicht gegen Tetanus geimpft bin. Deshalb bin ich ins Krankenhaus gefahren. Die haben mich vorsichtshalber da behalten, bis alle Befunde vorlagen. Die Ärzte haben mit mir geschimpft und gemeint, ich hätte noch mal Glück gehabt. Ist Ihr Impfschutz eigentlich noch ausreichend?

◆

Mein Mann hat mich von unterwegs angerufen: Er saß mit furchtbaren Magenkrämpfen an einer Autobahnraststätte. Es ging ihm so schlecht, dass er sich nicht zu fahren getraute. Da habe ich mich mit dem Taxi zur Raststätte fahren lassen – ein ziemlich teurer Spaß. Aber es ging ihm wirklich sehr schlecht. Ich habe ihn nach Hause chauffiert und ihn mit einer Wärmflasche ins Bett gepackt. Heute gings ihm wieder besser.

◆

Meine Schwiegermutter hat am Wochenende für uns gekocht. Ich habe sie noch gefragt, ob sie die Pilze wirklich alle kennt.

Man hatte mich zu einer Teestunde eingeladen. Es sollte Hopfenblütentee geben. Gab es auch. Aber es ist mehr als eine Stunde geworden. Der Arzt sagte aber, es bleibt da weiter nichts zurück.

◆

Das Reisebüro hatte mir eine falsche Auskunft gegeben. Der Flieger war ausgebucht. Vorgestern ging überhaupt keine Maschine nach Deutschland mehr. Erst gestern konnte ich noch einen Platz bekommen.

◆

Bei meinen Schwiegereltern ist überraschend der Umzug vorverlegt worden. Da musste ich den alten Leutchen doch helfen. Sie wissen ja, wie wichtig es für den Hausfrieden ist, dass die Schwiegermutter eine gute Meinung von einem hat.

◆

Ich habe/hatte einen biorhythmisch verhängnisvollen Tag. Jeder Versuch, aufzustehen und das Haus zu verlassen, musste scheitern.

◆

Ich habe mein Horoskop im Morgenmagazin gehört und bin gleich wieder ins Bett gegangen. Unter so ungünstigen Sternen hätte Ihnen meine Anwesenheit nur geschadet.

◆

Bei meiner Großtante ist eingebrochen worden. Sie hat mich angerufen, noch bevor sie die Polizei gerufen hat. Die alte Dame war völlig verwirrt. Ich musste sie erst mal beruhigen und dann die ganzen Formalitäten erledigen: Polizei, Versicherung und so weiter. Anschließend habe ich ihr dann beim Aufräumen geholfen.

# Ämter und Behörden

## Zu schnell gefahren oder falsch geparkt

Es gibt einen Berufsstand, der alltäglich mit den dümmlichsten und absurdesten Ausreden zu tun bekommt: die gefürchteten und gehassten Polizeibeamten der Verkehrsüberwachung. Da wird ein 18-Jähriger, der gerade ein Vierteljahr seinen Führerschein hat, bei Regen in einer 80er-Zone mit Tempo 190 gestoppt. Seine Ausrede: „Ich muss schnell ins Krankenhaus, mein Vater liegt dort mit einem gebrochenen Bein." Die Mutter saß übrigens auf dem Beifahrersitz und fand es empörend, dass man ihrem Filius den Führerschein gleich wieder abnahm.

Wenn Sie mit überhöhter Geschwindigkeit geblitzt oder gar vom Videowagen gestellt werden, haben Sie gegen die Elektronik selten eine Chance. Es sei denn, Ihre Ausrede besticht durch besonderen Charme oder außergewöhnliche Fantasie. Der Polizeialltag stimmt überwiegend unfroh. Die Beamten sind für jede humoristische Note dankbar. Vielleicht haben Sie ja Glück wie der Mann in dem folgenden Fall und bekommen eine mildere Buße oder gar Straferlass. Besagter Mann war in Norddeutschland mit überhöhter Geschwin-

digkeit geblitzt worden. Außer dem Bußgeld drohten ihm drei Punkte in Flensburg. Der ertappte Raser teilte auf dem Anhörungsbogen der Behörde mit, das mit dem Bußgeld gehe schon in Ordnung, aber die Punkte könnte er nicht gebrauchen. Der lokale Fußballverein brauche jeden Punkt im Kampf gegen den Abstieg aus der Regionalliga. Deshalb bitte er, nicht ihm, sondern dem Fußballverein die Punkte zuzuschlagen. Die Beamten, heißt es, waren von dem originellen Ansinnen amüsiert und verzichteten auf die Vergabe der Punkte.
Natürlich können Sie diesem Beispiel nicht wörtlich folgen. Verstehen Sie es vielmehr als Aufforderung, sich mit einem Höchstmaß an Kreativität, Fantasie und Dreistigkeit auf dem Anhörungsbogen auszutoben. Sie haben eh nichts mehr zu verlieren oder, wie die Spruchweisheit sagt: „Du hast keine Chance. Also nutze sie!"

Falsch geparkt? Ich parke hier nicht. Ich war bloß mal eben in dem Laden fragen, ob man hier parken darf.

◆

Ich habe im Auftrag des TÜV Testreifen aufgezogen. Das hat zur Folge, dass mein Tacho nicht genau geht. Schicken Sie den Bußgeldbescheid an den TÜV Rheinland.

◆

Ich teste im Auftrag der Firma Pneumant einen neuen Hochgeschwindigkeitsreifen. Um ein realistisches Testergebnis zu erzielen, darf ich bei Autobahnfahrten eine Mindestgeschwindigkeit von 150 km/h nicht unterschreiten.

◆

Ich bin ganz sicher, dass unter der Tafel mit der Geschwindigkeitbegrenzung 120 noch das Zusatzschild gilt nur für Baufahrzeuge und Landmaschinen angebracht war.

◆

Das bin ich nicht auf dem Foto, das Ihr Blitzer gemacht hat. Aber solche Irrtümer sind schon häufiger passiert. Ich habe einen Doppelgänger.

Was heißt, es war schon drei Sekunden Rot, als ich über die Kreuzung gefahren bin? Ich kann schließlich nicht auf den Verkehr achten und zugleich auf die Uhr starren.

◆

Kann schon sein, dass da irgendwo eine Geschwindigkeitsbegrenzung war, aber ich habe ein wahnsinnig schlechtes Zahlengedächtnis.

◆

Ich hatte nur große Scheine. Und Ihre Parkuhren können ja nicht wechseln.

◆

Ich musste eben mal in das Geschäft, um Kleingeld für die Parkuhr einzuwechseln.

◆

Ich gebe den Verstoß nicht zu. Aus dem Fahrtenbuch, zu dessen Führung Sie mich verpflichtet haben, geht eindeutig hervor, dass zum fraglichen Zeitpunkt der Polizeipräsident mein Fahrzeug benutzte.

## Steuererklärung? Schon wieder?

Der Termin war schon wieder rum? Sie sind gemahnt worden? Man nannte Sie „sehr geehrter Steuerbürger"?
Dann wird es höchste Zeit, sich eine plausible Ausrede einfallen zu lassen.

Es handelt sich schließlich um eine rückwirkende Maßnahme. Und mit der Vergangenheitsbewältigung tun wir uns doch alle ein bisschen schwer, oder?

◆

Ich wollte erst noch die Steuerreform der Bundesregierung abwarten. Ich dachte, vielleicht springt ja noch was für mich raus.

Denken Sie doch mal daran, wie lange der Gesetzgeber gebraucht hat, um die steuerrechtlichen Entscheidungen des Bundesverfassungsgerichts umzusetzen. Wenn der Gesetzgeber sich an die Fristen hält, fange ich auch damit an.

◆

Mein Steuerberater liegt seit Wochen im Krankenhaus und keiner kommt an seine Unterlagen ran.

◆

Ich hab noch nie Steuern bezahlt und weiß auch gar nicht wie das geht.

◆

Was ist denn das für ein Service? Sie haben mir gar nichts von einem Termin geschrieben.

◆

Sie wissen doch, dass ich jedes Jahr um diese Zeit im Urlaub bin. Sie wissen also auch, dass Sie meine Steuererklärung immer zwei Monate später bekommen. Wann schnallen Sie das endlich mal?

◆

Haben Sie denn kein Fax nicht bekommen? Darin hatte ich doch ausdrücklich den Verzug begründet und um Fristverlängerung nachgesucht.

## Bezahlen – so viel?

Ich dachte immer ich bekomme das Geld. Dass ich es zahlen soll, davon war nie die Rede.

◆

Haben Sie denn meinen Einspruch gegen den Bescheid nicht bekommen?

◆

Für alles Mögliche habe ich eine Einzugsermächtigung erteilt. Dafür etwa nicht?

Was heißt hier GEZ? Für die mangelhafte Bildqualität wollte ich nichts zahlen.

◆

GEZ? Sie sind doch fürs öffentlich-rechtlich Fernsehen zuständig. Ich gucke sowieso nur die Privaten.

◆

Ich dachte, bei dem Fernsehprogramm kriege ich am Jahresende noch was raus. So eine Art öffentlich-rechtliches Schmerzensgeld.

◆

Die Rundfunkgebühr wollte ich mit den anderen Abfallgebühren abrechnen.

◆

Warum schicken Sie mir auch so unangenehme Sachen?

◆

Was kann ich dafür, dass Ihr Bescheid aussieht, wie eine Werbesendung? Werbung fliegt bei mir grundsätzlich in den Papierkorb.

◆

Wollen Sie allen Ernstes behaupten, drei Monate Frist sei eine lange Zeit?

◆

Mir sind die Einzahlungsformulare ausgegangen.

◆

Das muss an der Bank liegen. Da sind schon öfter mal Zahlungsaufträge nicht ausgeführt worden.

◆

Da habe ich bestimmt die Kontonummer nicht richtig angegeben. Ich muss der Sache erst mal nachgehen.

◆

Bei meiner Bank wurde renoviert. Da ist jetzt alles frisch gestrichen. Versehentlich ist auch mein Konto gestrichen worden.

Normalerweise macht so was mein Mann/meine Frau.

◆

Ich wusste nicht, ob ich in D-Mark oder in Euro zahlen sollte.

◆

Da heißt es immer, electronic banking soll so praktisch sein, dabei erlebt man nur Überraschungen. Weiß der Teufel in welcher Internet-Masche die Überweisung hängengeblieben ist.

◆

Ich finde es eine Frechheit, wegen Falschparkens vor einer Schule ein Ordnungsgeld zu verhängen. Ich habe den geforderten Betrag den SOS-Kinderdörfern gespendet. Die Spendenquittung lege ich Ihnen bei. Wenn Sie auf Ihrem Ordnungsgeld bestehen, müsste ich den Spendenbetrag zurückfordern.

Ausreden, die nach dem Modell des letzten Beispiels gestrickt sind, schaffen vollendete Tatsachen, gegen die sich eine Behörde nur schwer wehren kann. In der Regel nimmt sie davon Abstand, sich der Gefahr auszusetzen, sich wegen einer Bagatelle öffentlich zu diskreditieren. Und das geschähe zweifellos, wenn Sie Ihre Spendenbescheinigung nicht als Ersatz für das verhängte Ordnungsgeld akzeptiert. Sie selbst müssen aber den Betrag tatsächlich spenden und die Kopie der Spendenquittung beilegen. Die Kopie, wohlgemerkt. Denn das Original brauchen Sie noch für die Steuererklärung. Spenden sind steuerlich anrechenbar, Ordnungsgelder sind das nicht. Sie sparen also auf jeden Fall Geld, wenn Sie auf diese Weise zahlen.

*„Haste mal 'ne Mark ('nen Euro)?"*

# Geld und Geschäft

## Dienstleistungsgesellschaft?

Deutschland gilt international als Servicewüste. Ob zu Recht, sei hier nicht diskutiert. Wenn wir mit Service und Dienstleistungen in Deutschland Probleme haben, hat das unter anderem auch historische Ursachen. Wir haben ein Rabattgesetz nebst Zugabenverordnung, die es einem Anbieter untersagen, einem Kunden hinsichtlich Preis, Kulanz und Service über einen sehr eng gesteckten Rahmen hinaus entgegenzukommen. Wir haben ein Ladenschlussgesetz, das die Zeit zum Einkaufen altklug reglementiert, weil es Einkaufen lediglich als Versorgung mit Waren und Dienstleistungen betrachtet und nicht auch als Erlebnis, Erholung und Entspannung für den Kunden. Und wir hatten in einem Teil des Landes einen Sozialismus, der durch die Verknappung von Waren und Leistungen den Anbieter in die Königsposition erhob und den Kunden in den Rang eines Knechtes und Untertanen, der höflichst darum ersuchen musste, bedient zu werden. Diese Mentalität blieb durchaus nicht auf den Osten beschränkt; überall dort, wo im Westen (staatliche oder kommunale) Monopolunternehmen die Szenerie bestimmten (Post, Bahn, Tele-

kommunikation, Energieversorgung, Wasser- und Abfallwirtschaft), breitete sich der servicefeindliche Arbeitsstil von Behörden aus – und nicht selten auch der flegelhafte Behördenton im Umgang mit den Kunden.
Ein anderer historischer Grund ist: Um 1900 gab es in Deutschland eine Dienstbotenkultur, die ausgeprägte soziale Ungleichheit zur Folge hatte. Noch heute findet man in alten Häusern neben dem Eingang für die Herrschaften den Dienstboteneingang. Diese Dienstbotenkultur klebte wie ein Abziehbild auf einer viel älteren, viel tiefer verwurzelten sozialen Tradition: der feudalen Dienstbarkeit, zu der die bäuerliche Bevölkerung gegenüber den adeligen Grundbesitzern verpflichtet war. Gepann-, Arbeits- und Hilfsdienste sowie andere feudale Lasten sind erst lange nach 1800 in Deutschland durchgehend abgelöst worden. Jemandem einen Dienst zu leisten, steht hierorts traditionell in dem Ruch, als Paria der Herrenkaste zu dienen. Niemandem verpflichtet zu sein, nicht den Dienstbotenaufgang, sondern die Haupttreppe zu benutzen, weil man sein eigener Herr ist, gilt als soziale Errungenschaft.
Um Dienste zu verweigern, die einem lästig sind oder die man – ob zu Recht oder nicht, sei dahingestellt – für unzumutbar hält, braucht man subtile Ausreden. Gilt es doch zugleich, potenzielle Kunden nicht zu verärgern.
Außerordentlich produktiv im Hervorbringen von Ausreden war einstmals die DDR. Manche meinten, mit der Hälfte der Fantasie, die staatlicherseits nötig war, um Probleme zu beschönigen, hätte man die Probleme auch sehr gut lösen können. Das mag vielleicht übertrieben sein; verständlich bleibt aber die Tatsache, dass sich die Menschen, die im Handel und im Dienstleistungssektor beschäftigt waren, angesichts des dauerhaften und allgegenwärtigen Mangels nicht ständig den Anfeindungen frustrierter Kunden aussetzen wollten. Darum entwickelte sich eine besondere Ausrede-Kultur.
Jetzt, da die DDR ein geschichtliches Faktum ist, kann man getrost von dieser Ausredekultur lernen.

## Vier Erklärungsmodelle Made in GDR

Bitte: „Ich hätte gern ein Kännchen Tee."
Ausrede: „Tut mir Leid, Tee führen wir nur in der kalten Jahreszeit."

(Sommer 1976, Dresden)

◆

Bitte: „Ich möchte zum Frühstück kein kaltes Ei."
Ausrede: „Das ist technologisch nicht anders möglich. Die Eier werden alle zusammen gekocht. Die ersten sind dann eben heiß und die letzten kalt."

(Naumburg, 1985)

◆

Frage: „Warum kann ich denn kein Kännchen Kaffee bekommen, sondern nur Tassen?"
Ausrede: „Das hängt mit dem Abwaschen zusammen. Beim Spülen brechen den Kaffeekännchen immer die Schnäuzchen ab. Deshalb servieren wir nur noch in Tassen."

(Artern, Sommer 1987)

◆

Frage: „Warum gibts das denn nicht?"
Ausrede: „Wir haben das bestellt, aber es ist nicht geliefert worden."

(überall und immer)

Nach diesen Mustern lassen sich zahlreiche neue Ausreden stricken. Am praktikabelsten ist die Legende von der Fehllieferung. Sie wird besonders gern in Reparaturwerkstätten angewandt.

## Erklärungsmodelle neuerer Bauart

Wir haben das richtige Ersatzteil bestellt, aber das XY-Service-Center hat uns das falsche Teil geschickt.

◆

Der Computer hat die Seriennummer nicht mehr gespeichert. Im Service-Betrieb XY müssen sie das gewünschte Teil per Hand aus dem Lagerbestand suchen.

Das gewünschte Ersatzteil ist beim Hersteller nicht mehr erhältlich. Wir werden ein gleichwertiges Teil bei einem anderen Hersteller bestellen.

◆

Das Gewünschte ist als Einzelteil nicht mehr erhältlich. Wenn Sie es wünschen, müssen wir das komplette Modul austauschen.

◆

Das ist ein wartungsfreies Modell. Das bedeutet, wir können es überhaupt nicht mehr öffnen, um es zu reparieren.

◆

Bei dem Modell können wir leider gar nichts mehr machen.

◆

Wenn Sie darauf bestehen, machen wir das natürlich. Aber die Reparatur wird auf jeden Fall teurer als ein neues Gerät.

◆

So wie das aussieht, kann es sich nur um einen Bedienungsfehler gehandelt haben.

Serviceverweigerung kann sich – durch eine Ausrede – auch als vorgebliche Servicefreundlichkeit tarnen. Nur muss die Bereitschaft noch unzumutbarer sein als die Verweigerung.

Das Gewünschte haben wir zur Zeit nicht im Haus. Ich könnte es Ihnen aus dem Zentrallager besorgen. Wenn Sie vielleicht übermorgen noch einmal wiederkämen …

◆

Das haben wir im Lager, aber das Lagersortiment packen wir erst nächsten Monat aus.

◆

Ich kann Ihnen das im Augenblick nicht aus dem Lager holen. Ich bin allein im Geschäft und darf doch die anderen Kunden nicht sich selbst überlassen.

> Unser Großhändler hatte das nicht am Lager. Sollen wir es beim Hersteller bestellen? Das dauert aber so an die sechs Wochen.

◆

> Wir hatten einen Lieferantenwechsel. Unser Lieferant sagt, die Ware käme in zwei bis drei Wochen.

◆

> Tut mir Leid. Unsere EDV sagt: Sie sind bei uns in der Liefersperre.

Ein wichtiges Moment der Serviceverweigerung ist das Argument Zukunft. Wie der englische Schriftsteller Harold Pinter sagte: „Die Zukunft ist die Ausrede derer, die in der Gegenwart nichts tun wollen."

> Davon hätte ich Ihnen sowieso abgeraten. Bald gibt es nämlich etwas völlig Neues.

◆

> Das haben wir nur noch in den kleinen/großen Größen. Aber es ist in der kommenden Saison doch sowieso veraltet.

◆

> Auf der CeBIT wird eine neue Gerätegeneration vorgestellt. Danach purzeln die Preise für diese Standardmodelle. Dann ist es für sie günstiger, ein neues Gerät zu kaufen als das alte reparieren zu lassen.

◆

> Das kriegen wir erst im Frühjahr wieder rein.

◆

> Wir befinden uns in einer Übergangsphase. Die alte Technik wird Schritt für Schritt abgebaut und neue eingebaut. Da kann es schon mal zu Störungen kommen.

◆

> Die Abfüllanlage / Sortiermaschine / Verpackungsanlage wird gerade modernisiert.

Gegenwärtig modernisieren wir unseren Kundendienst, um zukünftig Ihre Wünsche noch besser erfüllen zu können.

◆

Wir sollen demnächst online gehen.

◆

Natürlich können Sie sich beschweren. Aber seien Sie doch froh, dass Sie die Rechnung nicht bezahlen müssen.

## Die erste und die zweite Mahnung

Ich habe noch keine Rechnung bekommen.

◆

Der Sendung lag nur ein Lieferschein bei, aber keine Rechnung.

◆

Unser Chefbuchhalter hat Urlaub und nur der hat das Passwort für die Buchhaltungssoftware.

◆

Nach meinen Unterlagen ist das Konto ausgeglichen. Faxen sie doch mal meinen Kontoauszug.

◆

Wir haben Ihre Forderungen mit Ihren Verbindlichkeiten aufgerechnet. Eigentlich schulden Sie uns etwas.

◆

Wahrscheinlich stimmte die Bankverbindung nicht, die Sie angegeben haben.

◆

Da haben wir doch glatt ein falsches Zahlungsziel eingepflegt.

◆

Die Artikelnummern auf dem Lieferschein stimmten nicht mit der Rechnung überein. Bitte schicken Sie uns eine neue Rechnung.

Die EDV wird gerade umgestellt.

◆

Wir haben die Ware nicht bekommen.

◆

Wir haben die Ware zurückgesandt.

◆

Die Ware hat keiner bestellt. Und wenn sie jemand bestellt hat, hätte er sie nicht bestellen dürfen. Bei uns bestellt nur der Chef und der bestellt grundsätzlich nichts!

◆

Wir haben die Bestellung per Fax storniert.

◆

Die Ware ist zum Termin bestellt und verspätet geliefert worden.

◆

Die Ware ist nicht originalverpackt gewesen.

◆

Die Artikel waren beschädigt.

◆

Wir ziehen immer fünf Prozent Skonto ab!

## Einmalige Gelegenheit

Mit größter Vorsicht sind Situationen zu behandeln, in denen plötzlich ein Vertreter oder Verkäufer in der Tür steht, der mit einer einmaligen Gelegenheit argumentiert und vielleicht sogar behauptet, mit dem Chef sei alles abgesprochen. Vielleicht ist es ein rhetorisch gewandter Schwindler. Vielleicht ist wirklich mit dem Chef etwas abgesprochen. Das Ziel heißt also: Zeit gewinnen.

Wir haben unseren Etat schon im Oktober (Monat nach Bedarf ersetzen) verplant. Wir sind daher außerstande, auf Ihr Angebot eingehen zu können.

Die Kollegin, die diese Dinge zu entscheiden hat, ist heute leider nicht da.

◆

Da kann ich Ihnen jetzt gar nichts Verbindliches sagen. Da muss ich erst mal meinen Chef fragen.

Für den Fall, dass Sie überhaupt nicht wissen, was gehauen und was gestochen ist, empfiehlt sich dieser Spruch:

Wir haben uns schon in der vergangenen Woche orientiert und entsprechende Dispositionen getroffen.

◆

Wir ziehen in allernächster Zeit in ein neues Büro um. Bitte haben Sie Verständnis, dass wir bis dahin Ihrem Anliegen nicht die gebührende Aufmerksamkeit schenken können.

◆

Wir haben Ihnen doch schon in dieser Angelegenheit geschrieben. Wenn Sie für ein bis zwei Stunden im Vorzimmer Platz nehmen wollen, suche ich Ihnen nachher den Brief raus.

Und der Spruch, den alle Vertreter hassen wie die Pest:

Lassen Sie uns Ihr Angebot da. Wir werden uns gegebenenfalls bei Ihnen melden.

Reich an Möglichkeiten ist in diesem Zusammenhang der Verweis auf die Abwesenheit des Chefs. Denn viele der im Vorzimmer Abgewiesenen werden verlangen, den Chef persönlich sprechen zu dürfen. Jetzt sind Fantasie und Entschiedenheit gefragt.
Obwohl jeder weiß, dass der Laden eigentlich viel besser läuft, wenn der Chef nicht da ist, akzeptiert jeder, dass unser gesamtes Wirtschaftsleben auf einem System organisierter Verantwortungslosigkeit

beruht und dass bei Abwesenheit des Chefs alle Entscheidungen vertagt werden und alle Geschäfte ruhen müssen.

*Der Chef …*

… ist auf der Messe.

◆

… wurde von der Konzernleitung entlassen! Der Neue ist noch nicht da.

◆

… ist gerade in einer wichtigen Besprechung.

◆

… empfängt gerade Vertreter einer spanischen (englischen, japanischen …) Wirtschaftsdelegation.

◆

… empfängt gerade die Mitglieder eines internationalen Bankenkonsortiums.

◆

… ist außer Haus / … ist unterwegs.

◆

… ist gerade bei einem anderen Kunden.

◆

… wollte heute eigentlich nicht mehr ins Büro kommen.

◆

… war gestern mit seinem Steuerberater verabredet. Seitdem haben wir ihn nicht mehr gesehen.

◆

… ist im Urlaub.

◆

… macht gerade einen Krankenbesuch.

◆

… ist erkrankt.

*Der Chef …*

… arbeitet heute zu Hause. In seinem Büro ist die Heizung ausgefallen.

◆

… ist gerade beim Diktat.

◆

… ist gerade mit anderen Aufgaben beschäftigt.

◆

… ist gerade nicht zu stören. Rufen Sie bitte in fünf Minuten noch einmal an!

◆

… ist heute überhaupt noch nicht gesehen worden.

◆

… ist zu Tisch.

◆

… muss seine Kinder von der Schule abholen und kommt heute nicht noch mal rein.

◆

… hat sein Telefon umgestellt.

◆

… hat die Wechselsprechanlage ausgeschaltet.

◆

… hat sein Handy verloren.

◆

… holt gerade sein Auto aus der Inspektion, weil unser Fahrer erkrankt ist.

◆

… ist entführt worden.

◆

… bekommt morgen das Bundesverdienstkreuz und probiert gerade beim Schneider seinen Frack an.

Diese letzte, gegen den Grundsatz von Wahrheitsnähe und Wahrscheinlichkeit verstoßende Ausrede wird als Ausweis für Humor der Belegschaft und gutes Betriebsklima genommen.

> Wen wollten Sie sprechen? Den Chef? Was wollten Sie vom Chef? Ach, Sie wollten bloß mal. Tut mir Leid, der Chef ist…
>
> ◆
>
> Wen wollen Sie bitte sprechen? – Da kann ich Ihnen leider überhaupt nicht weiterhelfen. – Einen Herrn Chef gibt es in unserem Haus nicht.

## Vorsicht! Haustürgeschäfte!

Wie oft kommt es vor, dass der Staubsaugervertreter, der Versicherungsonkel oder der Zeitungswerber schon in der Haustür steht und Sie zum Abschluss eines Geschäfts drängen will. Weil dieses überaus günstige Modell nur noch in wenigen Exemplaren zu haben ist. Weil die Bundesregierung demnächst die Vergünstigungen streicht. Weil Sie sich mit diesem Blatt unheimlich aktuell informieren können. Nicht jeder ist dazu geschaffen, dem Haustürverkäufer kalt die Tür vor der Nase zuzuknallen. Obwohl jeder weiß, dass es das Beste wäre. Man ist ja schließlich auch zur Höflichkeit erzogen worden. So wird mancher wenigstens ein paar Worte mit dem Mann oder der Frau an der Tür wechseln wollen. Gegen rhetorisch geschulte Vekaufsprofis hat man in diesem Moment oft schon verloren. Das Paradoxe an der Situation aber ist, dass den meisten bewusst ist, dass sie etwas tun, was sie eigentlich gar nicht wollen, dass sie aber nicht wissen, wie sie aus der Situation wieder herauskommen sollen. Anscheinend ist der richtige Moment zum Neinsagen schon verpasst. Was ist zu tun?

Oft hilft nur, die Notbremse zu ziehen. Die Notbremse in Form einer Ausrede. Selbst wenn Sie das Gefühl haben, sich zum Affen zu machen: Lieber fünf Minuten den Affen gegeben als sich in einem Vertrag wiedergefunden, der vielleicht viele Hundert Mark kostet.

Tut mir Leid, aber ich bin verheiratet. Meine Frau/mein Mann erlaubt das nicht.

◆

Ich bin von meinen Kindern entmündigt worden. Ich darf eigentlich überhaupt keine Rechtsgeschäfte abschließen. Ich gebe Ihnen mal die Adresse von dem Amtsvormund. Klären Sie die Sache am besten mit ihm.

◆

Tolles Angebot! Leider muss ich Sie davon in Kenntnis setzen, dass über mein gesamtes Vermögen die Zwangsvollstreckung verhängt wurde. Ich werde also in der Spalte „Sonstige Vereinbarungen“ eintragen, dass Sie von mir keinerlei Zahlungen zu erwarten haben.

◆

Oh, das ist ja ein tolles Angebot. Das wird meinen Mann/meinen Sohn/meine Tochter interessieren. Ich erwarte ihn/sie jeden Augenblick zurück. Er/sie ist für die Stiftung Warentest / für den Bund der Versicherten unterwegs.

◆

Ich höre ganz schlecht. Mein Hörgerät ist nämlich kaputtgegangen. Nein, lauter sprechen hat auch keinen Sinn. Außerdem stört es die Nachbarn. Wären Sie so freundlich, mir alles aufzuschreiben, was Sie mir mitteilen wollen?

Mit hoher Wahrscheinlichkeit reichen Notizblock und Kugelschreiber, um den Haustürverkäufer in die Flucht zu schlagen. Wenn er bereit ist, Ihnen alles schriftlich zu geben, was er Ihnen verspricht, ist an seinem Angebot vielleicht doch etwas dran. Jedenfalls können Sie das dann in Ruhe prüfen.

Zum Thema Geld & Geschäft wie auch zu anderen Themen finden Sie regelmäßig aktualisierte „Ausreden der Woche" unter
http://fecom.com/regionetz/vermischtes/ausreden.htm.

*„Liebling, warum gähnst du?"*

# Liebe und Beziehung

Mann und Frau passen einfach nicht zusammen. Das weiß man spätestens seit Loriot. Aber Mann und Frau sind halt, wenn sie durch eine glückliche Fügung miteinander verbunden sind, oft aufeinander angewiesen. Sie tun gut daran, ihre gegenseitigen Beziehungen so sorgsam wie Diplomaten zu pflegen. Und wie die Staatslenker auf diplomatischem Parkett gewisse konventionelle Spiele absolvieren, von denen die eine oder die andere Seite weiß, dass es sich um ein Spiel und nicht um die Wirklichkeit handelt, so ist auch die Ausrede in der Ehe oder in eheähnlichen Gemeinschaften so ein konventionelles Spiel.

Mann und Frau folgen, glaubt man der Theorie einiger Moralphilosophen, unterschiedlichen Bewertungsmustern, wenn sie die Frage beantworten wollen, was gut oder schlecht ist.

## Fass doch mal mit an!

So – oder doch so ähnlich – werden die meisten Situationen eingeleitet, die dringend einer Ausrede bedürfen. Für die aufgeforderte Seite – gleich ob Männlein oder Weiblein – gibt es immer eine Menge Gründe, gerade in diesem Moment nicht anzufassen. Nur werden diese Gründe nicht immer überzeugen. Hier springt die überzeugende Ausrede ein.

Sonst gern, Schatz. Aber ich hatte gestern wieder so einen Rheuma-Schub, meine Gelenke sind geschwollen, ich kann meine Hände heute überhaupt nicht richtig bewegen, geschweige denn damit zufassen.

◆

Heute tut mir der Rücken so weh, ich werde gleich mal ein warmes Bad nehmen und mich anschließend mit dem Heizkissen ins Bett legen.

◆

Ich muss mir noch die Fingernägel machen. Wir wollen doch heute Abend ins Theater. Und heute Morgen ist mir ein Nagel abgebrochen. Wie das aussieht …

◆

Das muss doch nicht heute sein. Das macht doch viel zu viel Lärm. Was sollen denn die Nachbarn sagen?

◆

Fang doch schon mal an, ich muss nur noch schnell mit Mutti telefonieren.

◆

Ich finde, das sollte so bleiben, wie es ist. Mir gefällt das ganz gut so.

◆

Das muss jetzt so liegen bleiben, bis ich mit dem Projekt fertig bin. Ich finde sonst überhaupt nichts mehr.

◆

Ich finde diesen so genannten Herbstputz aus grundsätzlichen Erwägungen überflüssig. Außerdem waren wir sechs Wochen im Urlaub. Wovon soll denn da etwas schmutzig geworden sein?

## Das bisschen Haushalt

Er/sie kommt nach Hause und stellt fest: Sie haben die Hausarbeit nicht – wie versprochen – erledigt. Das muss Ihnen nicht peinlich sein. Schließlich gab es dafür Gründe – oder doch wenigstens Ausreden.

Die Kinder waren heute wieder einmal unmöglich. Dauernd haben sie mich in Anspruch genommen.

◆

Die Waschmaschine muss erst mal mit Entkalker behandelt werden, bevor man wieder damit waschen kann.

◆

Ich glaube, das neue Spülmittel, das du neulich mitgebracht hast, ist überhaupt nicht gut für unser Geschirr. Ich habe erst mal alles stehen lassen, damit du dir das anschaust.

◆

Für die teflonbeschichteten Kochtöpfe braucht man doch einen Spezialreiniger – oder?

◆

Der Staubsauger zog nicht mehr. Die Tüte war total voll. Ich glaube, wir haben keine mehr.

◆

Unsere Nachbarin war den ganzen Nachmittag hier, meine Güte, kann die erzählen, gegen die bin ich ja direkt schweigsam.

◆

Wir hatten fast den ganzen Tag über Stromausfall.

◆

Ich glaube, man kann gar nicht Waschmaschine, Backofen, Staubsauger und Computer gleichzeitig betreiben. Dreimal sprangen mir die Sicherungen raus. Dann habe ich alles abgeschaltet und wollte erst mal abwarten.

## Wo warst du so lange?

Die klassische Frage der daheim wartenden Frau an den spät heimkehrenden Mann. Die Antwort, die wir aus der Werbung kennen, lautet: „Ich hatte eine Panne." Worauf die Frau zurückfragt: „Eine Panne? Mit deinem Mercedes?" und dem ertappten Lügner eine Ohrfeige verpasst.
Studieren Sie also, bevor Sie sich für eine solche Ausrede entscheiden, die Pannenstatistik, die der ADAC herausgibt.

So spät? Erstaunlich, wie schnell die Zeit doch vergeht.

◆

Man hat mich auf der Toilette eingeschlossen. Ich habe stundenlang um Hilfe gerufen, bis der Nachtpförtner reagiert und mich befreit hat.

◆

Bei uns in der Firma ist eingebrochen worden. Wir mussten alle bleiben und zu Protokoll geben, was fehlt und was beschädigt wurde."

◆

Das Institut für Arbeitsmedizin hat bei uns nach der Arbeit eine Befragung durchgeführt. Die Mitarbeiter haben gesagt, dass es nur eine halbe Stunde in Anspruch nimmt. Aber dann hats doch viel länger gedauert.

◆

Die Polizei hat mich die ganze Nacht festgehalten. Sie haben geglaubt, dass ich der geheimnisvolle Kaninchenwürger bin, nach dem seit Monaten landesweit gefahndet wird.

◆

Immer diese Endlossitzungen ...

◆

Stell dir vor, ich habe meine(n) alte(n) Schulfreund(in) getroffen und ...

Mein(e) Chef(in) wollte unbedingt noch was von mir. Kurz vor Feierabend fiel ihm/ihr ein, dass etr/sie die aktuellsten Daten für die Programmkonferenz morgen doch noch braucht. Und nicht nur in Tabellenform, sondern auch als Diagramm. Und nicht nur auf Papier, sondern auch auf Folie für den Overhead-Projektor. Das wars dann mit dem Feierabend.

◆

Immer das Gleiche mit dir: Bin ich zu früh, ist es schlecht. Bin ich zu spät, ist es dir auch nicht recht.

◆

Ich wollte dir nur Zeit geben, alles zu erledigen.

◆

Ich komme doch sonst auch nicht früher.

◆

Ich habe heute in der Stadt jemanden getroffen, der behauptet hat, mich von früher zu kennen. Wir wären in der gleiche Klasse gewesen, sagte er, und dann hat er mir so Dinge aus der Schulzeit erzählt, an die ich mich partout nicht erinnern konnte. Ging auch nicht, denn ich bin zu einer ganz anderen Zeit in eine ganz andere Schule gegangen. Aber es war gar nicht leicht, ihn davon zu überzeugen. Am Ende hat er sich dann entschuldigt und mich zum Essen eingeladen. Das wollte ich ihm natürlich auch nicht abschlagen. Denn irgendwie war er schon enttäuscht …

## Warum hast du denn nicht angerufen?

Die Ausreden auf diese Frage sind schwieriger geworden, seit es Mobiltelefone gibt. Auf der anderen Seite erleichtern Mobiltelefone auch wieder die Ausrede, denn man kann mit einem Kontrollanruf nicht mehr feststellen, ob sich der Anrufer tatsächlich dort befindet, wo er zu sein behauptet.

Ich habe ja versucht, dich aus dem Unternehmen noch anzurufen, aber die Telefonanlage war schon abgestellt.

◆

Am späten Nachmittag gab es einen Ausfall im Netzknoten. Wir waren bis jetzt alle damit beschäftigt, den Fehler zu finden, aber es ist uns nicht gelungen. Wir müssen gleich morgen früh wieder ran.

◆

Dann kam auch noch der Oberguru von der Hauptverwaltung. Der sprach und sprach und sprach. Der hört sich unheimlich gern reden. Und was soll ich dir sagen: Mein großmäuliger Chef war so klein mit Hut und mucksmäuschenstill. Es hat sich überhaupt keiner zu zucken gewagt.

◆

Und dann ging bei Werner mitten in der Besprechung das Handy. Fuhr der Chef auf uns los: „Meine Damen und Herren, ich darf dann mal bitten, dass jetzt alle ihre Handys abstellen. Ich möchte eine solche Störung nicht noch mal erleben!" Tja, was sollten wir machen ...

◆

Ich war in der Registratur eingeschlossen. Draußen, in meiner Jacke, ging zwei- oder dreimal das Handy. Und ich konnte nicht rangehen. Warst du das?

◆

Mir ist heute ein Ding passiert. Ich stehe auf der Herrentoilette, da piepst das Handy. Peinliche Situation; ich war gerade dabei, mein Geschäft zu verrichten, fingere also mit einer Hand das Handy heraus, weil ich einen Anruf von Dr. Sommer erwartete. Und, was soll ich dir sagen: Fällt mir das Ding ins Becken. Diese moderne Elektronik ist ja ziemlich robust, aber das war wohl zu viel. Ich muss morgen zur Dingsdacom gehen und mir Ersatz besorgen. Ach ja, entschuldige, dass ich dich nicht anrufen konnte ...

Es ist wie verhext. Hat man Kleingeld, steht man bestimmt an einer Telefonzelle, bei der man eine Telefonkarte braucht. Hat man eine Telefonkarte, stößt man auf einen Münzfernsprecher.

## Wann kommst du denn?

Ganz anders ist die Situation, wenn Sie sich selber per Mobiltelefon abmelden wollen. Man meldet sich aus der Konferenzpause. Ob ein Mann in Wirklichkeit mit den Kollegen einen trinken geht oder ob die Frau mit Ihrem Liebhaber in einem Apartment verschwindet, ist durch Rückruf nur schwer oder gar nicht kontrollierbar, zumindest wenn der Partner oder die Partnerin nur die Mobilfunknummer besitzt. Zumal beim heutigen Stand der Technik Mobiltelefone gegenüber verräterischen Nebengeräuschen relativ resistent sind.

Jetzt ist erst Pause. Und die Konferenz geht danach noch mal mindestens drei Stunden. Nein, richtig langweilig ist es eigentlich auch nicht. Ich rufe dich wieder an.

◆

Ich habe keinen Platz mehr im Flieger bekommen. Man hat mit Hoffnung gemacht, dass ich noch heute auf einen anderen Flug umgebucht werde, aber versprechen wollte man mir nichts. Schlimmstenfalls muss ich hier im Flughafenhotel übernachten.

◆

Genau kann ich das auch nicht sagen. Wir müssen warten, bis der Kundendienst kommt.

◆

Ich habe das auch nicht gewusst, dass die Tagung zwei Tage dauern soll. Aber jetzt ist alles organisiert und für mich steht ein Hotelzimmer bereit. Außerdem ist mein Tagesordnungspunkt erst morgen früh dran.

Ein Abnehmer hat eine Mängelrüge geltend gemacht. Wir müssen das jetzt beheben. Ich weiß nicht, wann wir damit fertig sein werden.

## Ich hatte mich so darauf gefreut

Den Geburtstag der Liebsten oder den Hochzeitstag vergessen? Zu einer Verabredung zu spät gekommen? Etwas, das fest versprochen war, nicht eingehalten?

Den ganzen Tag habe ich an nichts anderes gedacht und abends habe ich es vergessen.

◆

Meine Mutter war krank, mein Vater war krank und dem Wellensittich ging es auch nicht gut.

◆

Oma hatte einen Unfall, ich musste ihr Blut spenden. Ich kam als einziger Spender in Frage.

◆

Ich kam nicht weg. Ich musste als Babysitter einspringen und auf meine(n) kleine(n) Schwester/Bruder aufpassen. Meine Eltern hatte einen Termin bei ihrem Steuerberater.

◆

Meine Eltern hatten gestern einen Termin bei ihrem Rechtsanwalt. Anschließend haben sie mir mitgeteilt, dass sie sich scheiden lassen wollen.

◆

Das hab ich doch glatt verschwitzt! War es denn schon wieder so weit?

◆

Ach gestern? Gestern war doch der 1750. Jahrestag der Befreiung von der römischen Fremdherrschaft. Das musste gefeiert werden.

Ich war am Nachmittag in einem Fischrestaurant. Anschließend ging es mir gar nicht gut.

◆

Mir ging es gar nicht gut, ich hatte Kopfschmerzen. Stimmt schon, ich hätte dich anrufen sollen. Jedenfalls stand mir der Sinn nicht nach Disco.

◆

Du weißt wahrscheinlich gar nicht, wie man sich bei Migräne wirklich fühlt.

## Was gibts denn heute?

Er steht vor der Tür und das Essen ist noch nicht fertig. Eine klassische Klischee-Situation, die irgendwie an Kinowerbung aus den Fünfzigerjahren erinnert. Kommt aber trotzdem noch oft vor. Genauso oft auch in der umgekehrten Konstellation: Er wollte etwas Leckeres zum Abendbrot zaubern, aber das Europapokalspiel im Fernsehen hat ihn dann doch etwas abgelenkt.

Der Herd arbeitet gar nicht mehr richtig. Ich glaube, da zapft jemand unsere Stromleitung an.

◆

Weißt du eigentlich, wie lange so ein Salat ziehen muss?

◆

Das Fleisch musste ich erst einmal in Essig einlegen.

◆

Ich hatte keine Sojasoße mehr im Haus. Ich musste erst noch mal schnell einkaufen gehen.

◆

Ich wollte Pasteten für dich backen. Aber der erste Versuch ist gescheitert. Du riechst es vielleicht noch. Und für den zweiten Versuch reichte die Zeit nicht mehr. Soll ich dir schnell einen Käsetoast machen?

Bei den Lebensmittel weiß man heutzutage wirklich nicht mehr, woran man ist. Alles musst du zweimal umdrehen und schauen, ob das wirklich von einem Feld oder aus dem Reagenzglas stammt.

◆

Das Obst musste so lange abtropfen.

◆

Der Lausbefall an den Rettichen war so immens, dass mein Timing durcheinandergeraten ist.

◆

Man kann die Mohrrüben gar nicht gründlich genug putzen – bei all der Chemie, die man heutzutage auf den Acker bringt...

◆

Die Kartoffeln waren so voller Stärke, dass ich dreimal das Kochwasser wechseln und wieder von vorn beginnen musste.

Unter http://maenner.erotikweb.de/erotisches/ausreden.htm finden Männer einen Ausredengenerator, der Ihnen hie und da aus der Verlegenheit helfen kann. Allerdings werden auch Frauen reinschauen und bald wissen, woher die Männer ihre Ausreden haben. Auszüge aus einem elektronischen Zitatenlexikon zum Thema Ausrede enthält http://www.der1dmprocdbrennservice.de/zit/ausrede.htm. Und http://www.pardon-agentur.de hat sich das Sammeln von Ausreden, Entschuldigungen und Notlügen zum Ziel gesetzt. Ständig aktualisiert wird http://www.von-der-heyden.de/ausreden.htm.

*„Wer weiß, wie lange du uns noch hast!"*

# Familie und Verwandtschaft

## Natürlich freuen wir uns, aber …

Wie sehr auch das Verhältnis der Partner zueinander durch erahnte oder enttarnte Ausreden belastet sein mag, wenn die liebe Verwandtschaft etwas von einem will, dann heißt es, allen Zwist vergessen und zusammenhalten. Vor allem zusammen über eine kreative Ausrede nachdenken. Zum Beispiel, wenn der Geburtstag der Schwiegermutter, der Namenstag eines nahen Verwandten vergessen wurde. Oder wenn eine Jubiläumsfeier oder der allfällige Besuch zu Weihnachten auf der Tagesordnung steht.

Die Zeit ist so schnelllebig, da bin ich gar nicht dazu gekommen, auf den Kalender zu schauen.

◆

Nein, dieses Jahr wollen wir nicht kommen. Die Bahn hat schon wieder die Fahrpreise erhöht und mit dem Auto wollen wir uns dem Stress nicht aussetzen. Du weißt doch: Weihnachtsgeld gestrichen, Urlaubsgeld reduziert und die Essenmarken wollen die uns auch noch nehmen.

Wir hatten uns doch darauf geeinigt, uns zu diesen Anlässen nichts mehr zu schenken.

◆

Ich habe das Geld, das ich für ein Geschenk ausgegeben hätte, einem Hilfsfond für notleidende Kinder gespendet. Ich denke, das ist in deinem Sinne.

◆

Wir sehen uns doch öfter. Macht doch dieses Jahr einfach mal eine tolle Reise über Weihnachten und Neujahr.

◆

Wir wissen immer nicht, was wir einander schenken sollen. Und so haben wir uns diesmal darauf geeinigt, dass wir anstatt der Weihnachtspräsente uns eine Reise schenken wollen. Wir sind zwischen 21. Dezember und 3. Januar gar nicht zu Hause.

◆

War es schon wieder so weit? Ich dachte der wäre erst in drei Monaten …

◆

Es erinnert mich immer so daran, dass ich selber älter werde. Du weißt ja, wie das ist, Unangenehmes verdrängt man gerne.

◆

Wir sollten ab heute nur noch Freudentage feiern.

## Die lieben Kleinen

Ausgerechnet am Wochenende! Wollten Sie Ihrem Hobby nachgehen? Einfach nur ausschlafen? Die Wochenendbeilage der Zeitung lesen? Mit Ihrem Partner mal ungestört sein?
Im Grunde sind wir ja kinderlieb. Aber am Wochenende könnten sich die Kleinen doch auch mal mit etwas anderem beschäftigen als mit ihren Eltern.

Seht das doch ein! Papa braucht seine Ruhe. Er muss schließlich das Geld für euer Spielzeug verdienen.

◆

Wollt ihr nicht Oma/Opa zeigen, was ihr diese Woche in der Schule gelernt habt?

◆

... und wenn es Winter wird, zieht sich das Murmeltier in eine Höhle zurück und schläft bis in den Frühling.

◆

Dazu ist es noch zu früh.

◆

Dazu ist es jetzt zu spät.

◆

Wisst ihr, ein Picknick können wir auch noch nächstes Wochenende machen, aber die Fußball-WM ist nur alle vier Jahre.

◆

Wieso ins Kino? Gibt es da mehr zu essen als zu Hause?

◆

Cornflakes und Cola haben wir auch zu Hause.

◆

Wenn ich sage, du sollst dein Zimmer aufräumen, machst du das doch auch nicht.

◆

Spielen? Für Kinderspiele sind wir schon zu alt. Zeigt lieber unserer Nachbarin eure Sammlung weißer Mäuse.

## Familienbande

Man sucht Hilfe. Man sucht sie zuerst in der eigenen Familie, bei Verwandten. Aber so gern wir die Hilfe der anderen in Anspruch nehmen, so ungelegen kommt meist das Hilfeersuchen, das an uns selbst gerichtet wird.

# Praktische Hilfe

Natürlich würden wir sehr gern eure Katze versorgen, während ihr im Urlaub seid. Aber Herbert hat doch eine Tierhaarallergie.

◆

Wir würden ja gern euren Hund in Pflege nehmen, aber in unserem Mietshaus verbietet die Hausordnung das Halten von Haustieren.

◆

Ich glaube nicht, dass ich mir das nach meinem Leistenbruch (Bandscheibenvorfall, Bänderriss, Herzinfarkt) schon wieder zutrauen kann.

◆

Bei meinem hohen Blutdruck (meiner Herzschwäche) kann ich starke körperliche Belastung nicht aushalten. Ich wäre euch sicherlich keine große Hilfe, wenn ich gleich schlappmache.

◆

Würde ich gern machen, aber ich muss ja schon um sechs (entsprechend der Situation knappe Frist einsetzen) wieder weg.

◆

Ich habe eine Bindehautentzündung. Ich muss jeden Kontakt mit Staub oder Pollen strikt meiden. Außerdem kann ich gar nicht richtig sehen.

◆

Ich bekomme immer Nasenbluten, sobald ich etwas Schweres hebe.

◆

Ich leide an Gleichgewichtsstörungen.

◆

Mit meiner vegetativen Dystonie wäre ich euch sicher keine große Hilfe.

## Finanzielle Hilfe

*Wir sind leider im Moment nicht flüssig, weil …*

… uns unser Steuerberater angekündigt hat, dass wir mit einer größeren Nachzahlung rechnen müssen.

◆

… wir gerade die Rückzahlungsrate für unser Baudarlehen erhöht haben.

◆

… wir selber gerade ganz tief in den Miesen stecken.

◆

… wir durch eine hochspekulative Anlage gerade sehr viel Geld verloren haben und nicht wissen, wie wir die nächsten Monate über die Runden kommen sollen.

◆

… durch den Konkurs eines Geschäftsfreundes auch in unser Privatvermögen hinein vollstreckt wird.

◆

… wir alle flüssigen Mittel auf zehn Jahre fest angelegt haben.

◆

… wir uns gerade ein neues Auto gekauft haben.

◆

… wir das Dach neu decken lassen müssen.

◆

… wir erfahren haben, dass Darlehen unter Verwandten mit einer Sondersteuer belegt werden sollen.

◆

… unser Vermögensverwalter uns gerade einen Urlaubsgruß von den Malediven geschickt hat.

# Kunst und Kultur

## Lesen bildet

Eine der gediegensten Methoden, sich aus einer Klemme herauszureden, besteht in der Behauptung, man habe sich um Kultur und Bildung bemüht.

Ich habe da ein hoch interessantes Buch über mittelalterliche Glasmalerei entdeckt. Das ist so wertvoll, dass ich es nur im Lesesaal lesen darf.

◆

Unser Chef hatte den Autor des Weltbestsellers „Wie werde ich schön, reich und glücklich" zu einer Lesung eingeladen. Da wollte natürlich keine von den Mitarbeiterinnen fehlen.

◆

Unser Abteilungsleiterin hat uns übers Wochenende dringend die gründliche Lektüre des Artikels „Globale Perspektiven lokaler Netzwerke" in der heutigen Beilage empfohlen.

◆

Ich lese gerade die Börsennachrichten.

Ich muss mir jetzt im Internet erst mal die Veranstaltungstipps reinziehen. Wer fragt mich denn am Freitag wieder, was wir am Wochenende machen wollen? Ihr doch!

◆

Wenn ich das Buch, das Reich-Ranicki verrissen hat, heute nicht zu Ende lese, kann ich am Montag im Büro überhaupt nicht mitreden.

## Warum gerade ich?

Mindestens ebenso wichtig ist ein Fundus an Ausreden, mit denen man es vermeiden kann, von Kollegen, Freunden und Verwandten allzu eng in kulturelle Angelegenheiten verwickelt zu werden.

### Eine Rede halten

Ich muss den Auftrag zurückgeben. Ich habe mich wirklich bemüht. Erst fiel mir nichts ein und jetzt weiß ich nicht mehr weiter. Ich kann euch aber den Anfang mal geben.

◆

Seit gestern habe ich ein Kratzen im Hals. Ich muss wohl mal zum HNO-Arzt gehen.

◆

Sie werden es noch nicht bemerkt haben, ich leide an Bronchialasthma und muss jede Aufregung vermeiden. Wenn ich mich aufrege, bekomme ich keine Luft mehr. Und wenn ich reden soll, rege ich mich auf.

◆

Jetzt hab ich doch tatsächlich meine Vorlage zu Hause liegen gelassen.

◆

Fragt mich bitte nicht jetzt! Fragt mich erst wieder, wenn ich meine neue Brille habe.

## Theaterkarten besorgen

Der Herr Dr. Frenzel hat sich bislang noch nie richtig engagiert. Ich finde, er als Akademiker (und Theaterkenner) sollte sich mal drum kümmern.

◆

Ich habe mich mit Problemen des Theaters nur am Rande beschäftigt. Ich wüsste gar nicht, wie ich mich da entscheiden soll.

◆

Ballett? Davon habe ich keine Ahnung. Ich bin aber sicher, dass Lilo Leiser sich da bestens auskennt. Die kann uns da am besten weiterhelfen.

## Veranstaltungsbesuch

Das haben wir uns schon im vorigen Jahr angesehen.

◆

Das habe ich kürzlich schon im Fernsehen gesehen. Ich kann mir nicht vorstellen, dass mir die Bühnenbearbeitung besser gefallen wird.

◆

Ich will das Stück lieber erst mal lesen.

◆

Rigoletto? In Originalsprache? Ich esse zwar gern Italienisch, aber ich spreche es nicht. Soll ich denn den ganzen Abend in der Oper sitzen, ohne ein Wort zu verstehen?

◆

Darüber habe ich in der Zeitung eine ganz schlechte Kritik gelesen.

◆

Mir selbst macht das ja Spaß, aber mein Mann/meine Frau steht überhaupt nicht auf Musical (Volksmusik, Oper, Operette, Squaredance, Rap ...).

# Karriere geht vor...

Anweisung vom Chef. Wir müssen jetzt alle einen Halbjahreskurs „Neue deutsche Rechtschreibung" absolvieren. Jeden Mittwoch abends von 18 bis 22 Uhr.

◆

In den nächsten drei Monaten werde ich dienstags immer erst sehr spät nach Hause kommen. Der Chef hat mich neben zwei anderen Mitarbeitern ausgewählt: Wir werden zu Online-Redakteuren weitergebildet.

◆

Wenn ich die Zeichen in unserem Unternehmen richtig deute, sollte ich an der Volkshochschule schon mal einen Französisch- (Spanisch-, Russisch-, Chinesisch-) Kurs belegen.

◆

Der Chef meint, besonders uns männlichen Führungskräften fehle es an sozialer Kompetenz. Er hat uns deshalb zu einem Workshop an die apulische Küste eingeladen, wo wir das eine Woche lang trainieren sollen.

◆

Der Chef meint, besonders uns weiblichen Führungskräften fehle es an Durchsetzungsvermögen. Deshalb hat er uns zu einem Workshop in die Highlands eingeladen, wo wir das eine Woche lang trainieren sollen.

◆

Der Chef hat mir angedeutet, dass ich für eine Führungsposition in Frage komme. Er hat mich auf einen Lehrgang für leitende Angestellte zum Thema Betriebsverfassungsrecht delegiert.

*„Ich würde mich riesig freuen, aber …"*

# Abwehr unerwünschter Einladungen und Besuche

## Ausschlagen oder rumdrucksen

„Kommt doch einfach mal bei uns vorbei!" Mit einer solchen Einladung kann man relativ leicht umgehen, weil sie hinreichend ungenau formuliert ist. Schwieriger wird es, wenn Ihr Chef Sie für den nächsten Mittwochabend um 20 Uhr zum Essen einlädt oder ein jüngst zugezogener alter Freund am folgenden Abend eine kleine Einweihungsfeier veranstalten will, bei der Sie unmöglich fehlen dürfen.

Wenn Ihnen die Einladung überhaupt nicht passt, haben Sie grundsätzlich zwei Möglichkeiten zu reagieren. Sie können die Einladung von vornherein ausschlagen. Sie können aber auch erst einmal zusagen, um dann kurz vor dem Termin doch noch abzusagen. Diese zweite Reaktionsweise ist, zugegeben, moralisch anfechtbar, dennoch wird sie sich hin und wieder nicht umgehen lassen, z. B., wenn Sie von einer Einladung regelrecht überrumpelt werden und Ihnen erst nach einer Weile auffällt, dass Ihnen nicht nur der Termin, sondern die gesamte Einladung nicht passt.

Ganz schwierig wird es, wenn sich lieber Besuch angesagt hat, den Sie gar nicht eingeladen haben. Dann müssen Sie sich, besonders wenn es sich um nahe Verwandtschaft handelt oder wenn der Besuch bereits in der Tür steht, geistesgegenwärtig eine besonders wirkungsvolle Ausrede einfallen lassen.

> Ich würde ja gern kommen, aber gerade an diesem Tag ist in der Schule meiner Tochter Elternabend. Normalerweise geht ja meine Frau hin, aber die Lehrerin meinte, meine Tochter wäre jetzt in einem schwierigen Alter und sie müsste das Gefühl haben, dass sich auch ihr Vater um ihre Schulangelegenheiten kümmert. Bestimmt hat die Lehrerin Recht, denn ich habe meine Tochter in letzter Zeit wirklich etwas vernachlässigt.

◆

> Es tut mir Leid, dass ich euch einen Korb geben muss, aber gerade an diesem Abend kommt Lars von einer zweiwöchigen Dienstreise zurück. Ich habe ihm versprochen, für ihn chinesisch zu kochen. Und damit meine ich nicht, Fertiges zusammenzurühren, sondern etwas ganz Besonderes zu entwickeln. Ihr kennt ja Lars! Wenn er auf Reisen ist, macht er sich meistens nichts aus den Hotelküchen und isst nichts Vernünftiges.

Die beiden vorangegangenen Texte sind Beispiele für eine besondere Ausredestrategie.

1. Sie geben Ihrem Bedauern Ausdruck.
2. Sie geben eine plausible Begründung für Ihre Absage.
3. Sie lenken die Aufmerksamkeit des Einladenden möglichst weitläufig vom Thema Einladung weg zur eigenen Situation hin.
4. Sie formulieren Ihre Begründung so, dass der Einladende Verständnis für Ihre Situation entwickeln kann, sich in Ihre Situation einfühlt und vielleicht sogar Mitleid empfindet.

Wenn Sie es richtig anstellen, wird es dem Einladenden am Ende peinlich sein, Sie in die schwierige Situation gebracht zu haben, zwischen seiner Einladung und Ihrer schon bestehenden dringenden Verpflichtung entscheiden zu müssen.

> Ich würde ja so gern kommen. Und ich weiß auch, wie sich Robert über die Einladung freuen würde. Aber gerade für diesen Abend haben wir Theaterkarten. Es ist wie verhext, wir haben die Karten für Tasso schon zweimal zurückgegeben, weil etwas dazwischen kam. Es scheint so, als sollten wir dieses Stück nie zu sehen kriegen. Andererseits: Der Tasso steht noch das ganze übrige Jahr auf dem Spielplan, aber eure Party ist einmalig. Ich muss erst mal Robert fragen, ob wir die Theaterkarten noch einmal zurückgeben können. Vielleicht können wir ja auch nach der Vorstellung noch zu euch kommen?

Ist das Thema erst einmal gehörig zerredet, fällt es dem Einladenden vielleicht von selber ein, dem Gewissenskonflikt der Eingeladenen ein Ende zu bereiten und einen anderen Termin vorzuschlagen oder eine andere Einladung auszusprechen.

> Wir kommen außerordentlich gern zu euch, das wisst ihr ja. Aber ich kann im Moment Beate nicht fragen. Und ich möchte nicht über Beates Termine verfügen. Ihr wisst ja, dass sie beruflich stark eingespannt ist und abends öfter unterwegs sein muss. Wir möchten natürlich zusammen kommen. Reicht es euch aus, wenn wir euch kurzfristig Bescheid geben, oder müssen wir uns gleich entscheiden?

Damit geben Sie dem Einladenden die Verantwortung zurück, ob er unter den von Ihnen vorgeschlagenen Bedingungen, kurzfristig zu- oder abzusagen, die Einladung aufrechterhält.

Wirklich nett, eure Einladung zum Essen, aber ich mache gerade eine Diät. Und ich will euch doch nicht den Appetit verderben.

◆

Wir kämen wirklich gern zum Essen, aber Helmut ist doch Allergiker. Und in der kommenden Woche muss er jeden Tag zum Arzt. Er bekommt dann irgendwelche Spritzen zur Desensibilisierung. Und danach geht es ihm immer nicht besonders gut.

◆

Chinesisch? (Italienisch? Türkisch?) Tolle Idee. Ich kann leider nicht mitkommen. Ich bin gegen die ostasiatischen (italienischen/orientalischen) Gewürze allergisch.

◆

Ilkas Mutter hat sich für drei Tage angesagt. Sie sagt, sie sieht uns doch so selten. Die macht uns die Hölle heiß, wenn wir diese drei Tage nicht voll und ganz ihr widmen.

◆

Wir haben Tante Henrike zu Besuch. Stimmt, ich kann sie nicht leiden, meine Frau kann sie nicht leiden, aber sie ist nun mal unsere Erbtante.

◆

Wir können zu eurem Grillabend leider nicht kommen. Wir fahren doch nächste Woche in den Urlaub. Und just an diesem Abend haben wir uns mit unseren Hautiersittern, Blumenpflegern und Briefkastenleerern verabredet, um Einzelheiten abzusprechen. Wir sind ja diesmal etwas länger weg. Es ist unglaublich, woran man alles denken muss.

◆

Tut uns Leid. Wir fahren doch nächste Woche in Urlaub nach Westafrika. Gestern haben wir uns alle erforderlichen Impfungen abgeholt. Und heute geht es Dieter ziemlich miserabel.

Tut mir Leid, heute geht es nicht. Es ist wie jedes Mal vor dem Urlaub (der Messe, der Präsentation, der Inventur): Der Chef spielt verrückt und lässt uns Überstunden schrubben.

## Besuch wieder ausladen

Noch komplizierter wird es, wenn Sie jemanden eingeladen haben, den Sie aus bestimmten Gründen doch wieder ausladen wollen oder müssen. Was die Wirklichkeit an Gründen nicht hergibt, muss in solchen Fällen die Ausrede leisten.

Es tut uns sehr Leid. Wir haben Oma zu Besuch. Und Oma ist krank geworden. Sie liegt bei uns im Wohnzimmer auf der Couch.

◆

Es geht heute Abend doch nicht. Wir hatten einen Kabelbrand im Wohnzimmer. Die Hausverwaltung hat heute Morgen sämtliche Unterputzleitungen aufklopfen lassen. Bei uns siehts aus wie auf einer Baustelle.

◆

Wir müssen unser Treffen verschieben. Wir haben eine Störung an der Heizung. Die ganze Bude ist schrecklich kalt. Wir müssen hier leider auf den Notdienst warten, der es heute noch richten soll.

◆

Leider klappt es heute doch nicht. In Lores Firma sind die Betriebsprüfer eingefallen und Lore sitzt bis spät in die Nacht über Körben von Belegen.

◆

Jürgen, hör mal, ihr könnt heute doch nicht zu uns kommen. Wir haben uns ausgesperrt und warten auf den Schlüsseldienst. Wir wissen noch nicht, wann wir wieder in unsere Wohnung können.

*„Wenn es weiter nichts ist …"*

# Falls man Ihre Ausreden schon kennt

Namentlich im Geschäftsleben – und durchaus nicht nur bei so genannten Haustürgeschäften – werden Sie immer wieder auf gut ausgebildete Verkäufer stoßen, die mit allen Wassern der Einwandbehandlung gewaschen sind.

Der Verkäufer, der sich in einer Verkaufssituation befindet und feststellt, dass sein Gegenüber nicht unterschreiben oder das fantastische Angebot absolut nicht annehmen will, wird zunächst den Charakter der Einwände, die der potenzielle Käufer vorbringt, analysieren. Benutzt er Ausreden? Wiederholt er Aussagen, die er irgendwo gelesen oder gehört hat? Macht er das Produkt schlecht, weil Feilschen für ihn eine besondere Sportart ist?

Bei einer Ausrede wird der Verkäufer nicht mit wirklichen Argumenten reagieren.

Wenn der Verkäufer noch nicht ganz sicher ist, wie er den Kunden „herumkriegen" kann, wird er möglicherweise die Technik der Wiederholungsfrage (siehe nächste Seite) einsetzen, um weitere Informationen zu erhalten.

Ist er sich sicher, dass er nur eine Ausrede zu entkräften hat, wird er so genannte Hebeltechniken anwenden (siehe Seite 89).
Als dritte Methode bietet sich für ihn die Hypothese-Methode an (siehe unten).

## Die Wiederholungsfrage

Bei der Wiederholungsfrage wiederholt der Verkäufer die Aussage des Kunden einfach als Frage. So könnte zum Beispiel der Computerhändler mit dem Argument konfrontiert werden: „Die Festplatte ist zu klein."
Der Händler wird nun sicherlich nicht eine Stunde lang mit dem Kunden über die Festplattengrößen im Verhältnis zur Leistungsfähigkeit der CPU diskutieren. Täte er es, hätte er am Abend wahrscheinlich nicht einen einzigen Computer verkauft. Stattdessen stellt er vielleicht die Wiederholungsfrage: „Die Festplatte ist zu klein?"
Der Verkäufer argumentiert nicht, er gibt den Einwand als Frage an den Kunden zurück, damit der sich deutlicher erkläre.
Entweder sagt der Kunde jetzt, warum ihm die Festplatte zu klein ist, worauf ihm der Verkäufer schlicht eine größere (teurere) Festplatte aufs Auge drückt, oder er benutzt eine andere Ausrede und dann weiß der Verkäufer mit ziemlicher Sicherheit, dass er es mit einem bereits verunsicherten Kunden zu tun hat, der krampfhaft nach Ausreden sucht.

## Die Hypothese-Methode

Um sicherzugehen, ob der Einwand des Kunden ernst gemeint war, kann der Verkäufer die Hypothese-Methode anwenden. Auf den Einwand: „Die Festplatte ist zu klein", würde er vielleicht so reagieren: „Angenommen, wir könnten das Problem mit der zu kleinen Festplatte lösen, gäbe es dann für Sie einen weiteren wichtigen Grund, diesen Computer nicht zu kaufen?"

Antwortet der Kunde mit „Nein", hat der Verkäufer ihn an der Angel. Es dürfte für ihn leicht sein, den Computer mit einer größeren Festplatte an den Mann zu bringen. Der Kunde hat dann etwas teurer gekauft, als er musste und wollte. Seine Ausrede wurde als Argument ernst genommen und mit Tatsachen entkräftet.

Eine andere Verkaufsmethode besteht darin, an diesem Punkt mit der Hypothese-Methode fortzufahren, z. B.: „Wenn Sie sich heute für ein Computersystem entscheiden müssten, welche Zusatzkomponenten würden Sie dann kaufen?" Und weiter: „Gesetzt den Fall, wir könnten Ihnen ein Systempaket anbieten, welche Bildschirmgröße wäre ihrem Bedarf angemessen?" Bis der Kunde unversehens vor der Frage steht: „Möchten Sie bar zahlen, mit EC-Karte oder wünschen Sie einen Finanzkauf in bequemen Monatsraten?"

Es nutzt dem Kunden auch nichts, auf die Frage nach weiteren Gründen mit „Ja" zu antworten. Denn wenn er einen neuen Grund angibt, tritt er selbst das Ausrede-Karussell an, auf dem er am Ende unweigerlich den Halt verliert und ausgehebelt wird. Der Verkäufer wird Grund für Grund abchecken und entkräften, bis dem Kunden die Ausreden ausgehen. Die zu kleine Festplatte ist längst vergessen ...

Verkäufer gehen im Übrigen davon aus, dass der Kunde nach Anerkennung durch den Verkäufer giert und, im Beispiel zu bleiben, nicht als EDV-Depp dastehen will, auch wenn er von Computern keine Ahnung hat. Der Verkäufer wird daher bestrebt sein, auch wenn er den Einwand als Ausrede erkennt, dem Kunden um den Bart zu gehen und ihm die gewünschte Anerkennung nicht zu versagen. „An Ihrem Einwand erkenne ich, dass Sie sich bereits Gedanken über die Systemanforderungen gemacht haben." Oder: „Ihr Einwand besteht völlig zu Recht. Daran erkenne ich, dass ich es nicht mit einem blutigen Laien, sondern mit einem Experten zu tun habe." Wie auch immer, ein paar wohldosierte Kleckse Seifenschaum wird der Kunde in Verkaufssituationen immer am Kinn haben. Er muss nur wissen, dass, sobald ihn die eine Hand des Verkäufers einseift, mit der anderen Hand das Rasiermesser geschärft wird.

## Verbale Hebeltechniken

Bei den so genannten Hebeltechniken werden die Einwände des Gegenüber, wie der Name schon ahnen lässt, als Hebel benutzt, um ihn aus dem Gleichgewicht zu bringen.
Der Kunde sollte immer davon ausgehen, dass die Ausreden, mit der er sich höflich aus der Affäre ziehen will, dem Verkäufer bereits bekannt sind.

> Ausrede: „Danke. Ich habe jetzt gerade keine Zeit."
>
> Hebel: „Das verstehe ich sehr gut. Ich als Geschäftsmann weiß am besten, dass Zeit Geld ist. Sie werden mir also sicher glauben, dass ich nicht meine eigene Zeit verschwenden würde. Stimmts?"

Der Kunde sollte immer auf die Körpersprache des Verkäufers achten. Wenn er bei der rhetorischen Frage „Stimmts?" in ein leichtes, kaum wahrnehmbares Kopfnicken verfällt, weiß der Kunde, dass er bereits mitten im psychologischen Gefecht steht. Bildlich gesprochen hat er die Seife im Gesicht und das Rasiermesser am Kinn.

> Ausrede: „Das dauert mir zu lange."
>
> Hebel: „Ich verstehe Ihr Problem. Aber nur mal angenommen, Sie wären grundsätzlich an Angeboten dieser Art interessiert, dann wären Ihnen fünf Minuten sicher keine zu lange Zeit, um entsprechende Informationen zu prüfen. Gründliche Prüfung ist, wie ich Sie einschätze, stets ihr Grundsatz. Stimmts?"

◆

> Ausrede: „Ich habe bereits einen Lieferanten (Händler, Servicebetrieb, Anlageberater)."

Hebel: „Davon gehe ich aus. Als informierter Kunde (kompetenter Verbraucher) gehen Sie kein Geschäft ein, ohne wenigstens ein zweites Angebot kritisch zu begutachten. Oder?“

◆

Ausrede: „Ich bin aber mit ... (Produkt/Leistung/Vertrag) vollauf zufrieden.“

Hebel: „Das hatte ich erwartet. Ein kritischer Vergleich mit (Produkt/Leistung/Vertrag) kann Sie also nur noch zufriedener machen. Und kritisch zu vergleichen hat einem informierten Kunden (kompetenten Verbraucher) wie Ihnen stets Vorteile gebracht. Stimmen Sie da mit mir überein?“

◆

Ausrede: „In diesen unsicheren Zeiten ist mir das zu heikel.“

Hebel: „In guten Zeiten kommt jedermann zum Ziel, in schwierigen Zeiten nur ein informierter Kunde (kompetenter Verbraucher/cleverer Geschäftsmann) wie Sie. Deshalb ist für Sie eigentlich gerade jetzt der richtige Zeitpunkt, sich einen Vorsprung zu verschaffen. Oder?“

◆

Ausrede: „Daran bin ich nicht interessiert.“

Hebel: „Das kann ich verstehen. Aber einmal davon abgesehen, dass Sie im Augenblick kein konkretes Interesse haben: Ich schätze Sie als einen Kunden (Verbraucher/Geschäftsmann) ein, der immer daran interessiert ist, Informationen über ... (Produkt/Leistung/Vertrag) zu erhalten. Liege ich richtig?“

◆

Ausrede: „Ich habe kein Geld.“

Hebel: „Das kenne ich. In schwierigen Zeiten wird jede Mark mehr als einmal umgedreht. Deshalb dürfte bei Ihren kritischen Vergleichen der Aspekt des Preises und der Zahlungskonditionen eine besondere Rolle gespielt haben. Habe ich Recht?“

Setzt der Verkäufer die Hebelmethode ein, nutzt er fast immer die folgenden Elemente:

1. Mit dem Kunden wird niemals gestritten, es wird ihm vielmehr Verständnis signalisiert. Hört der Kunde solche Wendungen, weiß er, dass der Verkäufer schon mal bestimmte Verkaufsschulungen absolviert hat.
2. Der Einwand, die Ausrede des Kunden wird vom Verkäufer als Verkaufsargument an den Kunden zurückgegeben. Das gelingt nicht mit allen Einwänden gleich gut, aber es gelingt geübten Verkäufern fast immer.
3. Dem Kunden wird keine offene Frage gestellt. Stattdessen wird die Aussage mit einer rhetorischen Floskel versehen, die Zustimmung erheischt. Nach dieser Floskel – Stimmts? Oder? Geben Sie mir Recht? – schweigt der Verkäufer und wartet die Reaktion des Kunden auf den Hebel ab.
4. Mit körpersprachlicher Unterstützung, einem kaum merklichen Kopfnicken, wird der Kunde positiv gestimmt, regelrecht „eingelullt”, sodass er selber die Vorschläge des Verkäufers schließlich nur noch „abnicken” kann.

Reagiert der Kunde mit Zustimmung, hat der Verkäufer das Verkaufsgespräch quasi in der Hand und kann es beinahe nach Belieben steuern. Reagiert der Kunde mit einer neuen Ausrede, folgt prompt der nächste Hebel. Reagiert der Kunde ablehnend, greift der Verkäufer eventuell auf andere Methoden (z. B. die Wiederholungsfrage) zurück.

Ist also der Kunde den rhetorischen Tricks der Verkäufer hilflos ausgeliefert? Gibt es gar keine Möglichkeit, eine Ausrede anzubringen? Doch, es gibt zwei Waffen. Sie sind beide überaus wirksam. Ich plädiere deshalb dafür, Sie im Interesse des gepflegten Umgangs miteinander nur im Notfall einzusetzen.

Die erste wurde bereits in anderem Zusammenhang beschrieben (vgl. den Abschnitt über Haustürgeschäfte auf Seite 60). Stellen Sie sich stur und erklären Sie, was immer der Verkäufer oder Vertreter Ihnen erzählt: „Schön, schön. Lassen Sie mir Ihre Visitenkarte da. Ich werde gegebenenfalls auf Sie zurückkommen." Natürlich wird der Verkaufsprofi auch diesen Satz auszuhebeln versuchen. Hören Sie nicht hin! Fragen Sie irgendwann dazwischen: „Wollen Sie mir nun Ihre Visitenkarte da lassen?"

Die zweite entspricht dem Sinn nach der ersten. Bleiben Sie immer bei Ihrer Linie. Haben Sie sich für eine Ausrede entschieden – „Ich habe kein Geld" oder „In diesen unsicheren Zeiten ist mir das zu heikel" – bringen Sie sie immer wieder vor, vielleicht auch in leicht modifizierter Form. Machen Sie sich keine Gedanken, ob sie jeweils passt. Nach jeder Zustimmung erheischenden Floskel – „Stimmts?", „Oder?" – folgt Ihr „Ja, aber ..." Machen Sie sich nicht die Mühe, nach neuen Ausreden zu suchen. Das ist viel zu gefährlich. Lassen Sie den Verkäufer schwitzen. Er kennt die Waffen. Oft reicht es, sie ihm kurz zu zeigen, dass er von Ihnen ablässt.

# Alibis, wenn es eng wird

Stecken Sie so tief in der Tinte, dass Ihnen eine „einfache Ausrede" nicht mehr hilft? Führen Sie etwas im Schilde, wofür Ihnen eine Ausrede als Tarnung nicht ausreichend erscheint? Dann brauchen Sie vielleicht ein Alibi.

Für Alibis sorgen in Deutschland und im Ausland Alibi-Agenturen. Ihnen haftet in erster Linie der zweifelhafte Ruf an, untreuen Ehepartnern oder Lebensgefährten den durch eine „Legende" abgesicherten Seitensprung zu ermöglichen. Es mag schon sein, dass dieser Geschäftszweig am meisten Früchte trägt. Das heißt jedoch nicht, dass diese Agenturen nicht auch die passenden Alibis für andere Gelegenheiten beschaffen.

Wolfram Kroker, der im Januar 1996 Deutschlands erste Ausreden-Agentur „Alibi" gründete, beschreibt einige charakteristische Fälle.

Da war z. B. das Ehepaar, das sich beim Autokauf darauf geeinigt hatte, dass er den Typ und sie die Farbe bestimmen dürfe. Er wählte BMW, sie wählte Feuerrot. Was ihn verdross. Und eines Tages, als sie verreist war, ließ er das Auto in Dunkelblau umspritzen. Er wusste nur nicht, wie er das seiner Frau beibringen sollte. Krokers Agentur konnte helfen, erfand eine Legende und simulierte mit feuerrotem Lack-

stift eine Kollision mit der Garagenwand. Dadurch wurde die Neulackierung begründet, die aus Sparsamkeitsgründen gleich in einer Selbsthilfewerkstatt durchgeführt worden wäre. Dort sei aber Feuerrot nicht am Lager, Dunkelblau dagegen besonders preisgünstig gewesen. Dem sparsamen Ehemann wurde verziehen, heißt es.
Die Alibi-Agentur „Gefährliche Liebschaften" (http://alibi.foru.de) bietet sich als Retter in Familienkrisen an. Zitat aus der Homepage: „Das heutige Leben führt oft zu Situationen, die uns von unserem langjährigen Lebenspartner zu einer kurzen sexuellen oder emotionalen Affäre führen. Durch die modernen Medien und Kommunikationswege ist es immer schwieriger, diese Beziehungen geheim zu halten. Darum beschafft die Agentur „offiziell" wirkende Einladungen, simuliert Hotelbuchungen, schickt Buchungsbestätigungen von Hotels und Fluglinien, tätigt Anrufe bei Partner oder Partnerin und leitet Anrufe ins „Hotel" weiter.
Mitglied bei der Alibi-Agentur „Gefährliche Liebschaften" wird man mit einem Jahresbeitrag von 50 DM. Leistungen im Einzelnen müssen aber gesondert bezahlt werden, z. B.:

- *Wir rufen ihren Partner an, um einen Termin zu bestätigen: 40 DM*
- *Wir erstellen eine individuelle Einladung, egal ob sie für Geschäftszwecke oder Vergnügen ist. Diese werden wir Ihnen nach Hause senden als Bestätigung für das Ereignis, an dem sie teilnehmen: 50 DM*
- *Wir bestätigen Ihnen z. B. Buchungen von Reisen oder Hotelzimmern. Kosten: je nach Aufwand und Absprache.*

Die Agentur weist im Übrigen in ihren Allgemeinen Geschäftsbedingungen darauf hin: „Jede Person, die ein Mitglied der Alibi-Agentur wird, tut dieses auf eigenes Risiko. Die Alibi-Agentur übernimmt keine Verantwortung für das Ende einer Beziehung und haftet nicht für Probleme, die möglicherweise aus den Diensten entstehen könnten. Die Dienstleistungen dienen nur dem Zweck, das Familienleben oder eine Beziehung gegen emotionelle oder finanzielle Probleme zu schützen, die aus einem ‚Seitensprung' folgen können."

Die Agentur „Ihr Alibi" (http://www.ihr-alibi.de) umwirbt potenzielle Kunden mit dem Argument: „Wir haben die Alibi-Agentur gegründet, um Ihnen das lästige Erfinden von Ausreden zu ersparen. Lassen Sie das die Profis von Ihr Alibi erledigen!"
Neben komfortabler Absicherung von Seitensprüngen und anderen erotischen Abenteuern werden auch Leistungen für weniger verfängliche Situationen angeboten:
„Sie sollen am Sonntag auf das ‚ach so schöne' Familientreffen? Wie wäre es denn, wenn Sie plötzlich eine Einladung eines wichtigen Geschäftskunden bekämen? Oder Sie ein alter Freund anruft, der Sie um einen wichtigen Gefallen bittet?"
Buchungsbestätigungen von Hotels oder Fluglinien, Einladungen zu Seminaren und Konferenzen, Tennisturnieren o. Ä. einschließlich Telefondienst kosten 60 DM. Telefonische Buchungsbestätigungen gegenüber dem Partner 45 DM.
Als besondere Leistung bietet diese Agentur besonders vergesslichen Ehemännern an, regelmäßig zum Geburtstag oder Hochzeitstag, Glückwünsche, Blumen oder Präsente zu versenden. Eine Ausrede wegen des vergessenen Hochzeitstages dürfte bei diesem Service dann überflüssig werden.

In Großbritannien hat sich die Alibi-Agentur von Ronnie Brock einen Namen gemacht (http://www.alibi.co.uk). In den ersten acht Monaten ihres Bestehens hat die Agentur 1 600 außergewöhnliche Kundenwünsche befriedigt. 40 % davon waren Frauen. Nachdem Brock im März 1999 eine eigene Website im Internet eingerichtet hatte, wurden in kürzester Zeit 6 000 Anmeldungsformulare angefordert. Das Angebot findet offensichtlich regen Zuspruch ...
Die Agentur arbeitet nach dem üblichen Prinzip: Mitgliedschaft gegen Jahresbeitrag (20 £), Einzelabrechnung der konkreten Leistungen. Die Abrechnung für das perfekte Alibi erfolgt natürlich ebenfalls getarnt: als Autoreparatur etwa oder als Kauf eines neuen Computerprogramms.

# Ausflüchte und Notlügen

Es gibt immer Situationen, aus denen man sich nicht anders herauswinden kann als mit einer Schwindelei. Man möchte nicht Ja und nicht Nein sagen. Also sagt man Jein. Der Mund sagt Ja und die Augen sagen Nein.

Oft gebraucht man dafür den Begriff der „Notlüge". Aber er ist nicht ganz zutreffend. Mit dem Argument der Not glaubt der Moralist, die Unbedingtheit des Wahrheitsgebots, unter dem wir vorgeblich alle stehen, unterlaufen zu können, ohne es außer Kraft zu setzen.

Da ist diese berühmte Frage, über die schon die französischen Aufklärer mit den deutschen Philosophen stritten: „Wenn mein Freund, der von einem Mörder verfolgt wird, sich in mein Haus flüchtet, darf ich den Mörder, der mich fragt, ob mein Freund in dem Haus sei, belügen oder muss ich meinen Freund durch eine wahrheitsgemäße Auskunft dem Mörder ausliefern?"

Jenseits dieses abstrakten Philosophenstreits werden uns in der Wirklichkeit Fragen gestellt, die uns sofort, ohne lange philosophische Erwägungen, Antworten abverlangen und die uns oft genug in Erklärungsnotstand versetzen.

Es sind da erster Stelle zwei Fragenbereiche, die uns am häufigsten in Not setzen: die unangenehmen oder so genannten heiklen Fragen und die unerlaubten Fragen.
Unerlaubte Fragen werden vor allem in Bewerbungsgesprächen gestellt. „Sind Sie schwanger?", ist eine der unerlaubten Fragen, denen Bewerberinnen begegnen und die sie nicht wahrheitsgemäß beantworten müssen. Grundsätzlich müssen auch Fragen nach Gesundheit, Vorstrafen, Partei-, Gewerkschafts- und Religionszugehörigkeit, Vermögens- und Familienverhältnissen nur beantwortet werden, wenn ein unmittelbarer Zusammenhang zur ausgeschriebenen Stelle besteht. Werden Fragen dennoch unerlaubt gestellt, hat der Befragte das Recht zur Unwahrheit – oder zur Ausrede, ohne dass er dafür später zur Verantwortung gezogen werden dürfte. Dieses Prinzip, heute durch die Rechtsprechung verankert, hat übrigens schon Arthur Schopenhauer formuliert. Das Recht zur Lüge trete ein „bei jeder völlig unbefugten Frage, welche meine persönlichen oder meine Geschäftsangelegenheiten betrifft, mithin vorwitzig ist und deren Beantwortung nicht nur, sondern schon deren bloße Zurückweisung durch ‚Ich wills nicht sagen' als Verdacht erweckend mich in Gefahr bringen würde. Hier ist die Lüge die Notwehr gegen unbefugte Neugier, deren Motiv meistens kein wohlwollendes ist".
Gerade im Bewerbungsgespräch lügen aber viele Bewerber das Blaue vom Himmel herunter, wenn sie nach ihrer Motivation gefragt werden. Erfahrene Personaler merken das sehr schnell und lassen den Bewerber abblitzen. Besonders unangenehm können Fragen nach Lücken im beruflichen Werdegang sein.

> Ich musste einfach mal ein halbes Jahr Auszeit nehmen; ich hatte mich meiner Familie total entfremdet.
>
> ◆
>
> Bitte lachen Sie nicht: In diesen Monaten war ich auf dem Weg der spirituellen Selbsterfahrung. Das hat mich stärker und leistungsfähiger gemacht.

Dank einer Erbschaft war ich finanziell unabhängig genug, mir mal ein Jahr Abstand vom Alltag zu gönnen. Danach sah ich manches mit anderen Augen und war wieder viel leistungsfähiger.

◆

Ich hatte das Gefühl, ich müsste aus der Tretmühle raus, aktuelle Fachliteratur lesen, Vorträge und Seminare besuchen, Kenntnisse erweitern, die Akkus wieder richtig aufladen.

◆

In diesem Zeitraum habe ich meine Erfüllung in der ehrenamtlichen Tätigkeit für... gesehen. Dank der Unterstützung meiner Familie konnte ich mir das leisten. Und das war eine wichtige Erfahrung für mein ganzes weiteres Berufsleben.

◆

In diesem Jahr habe ich alles nachgeholt, was ich mir während des Studiums vorgenommen, aber wegen Examensstress nicht geschafft habe.

Fragen, die uns unangenehm berühren, begegnen uns überraschend häufig im Kreis der Familie. Wenn die achtjährige Tochter fragt: „Mami, Papi, wann hattet ihr eigentlich zum letzten Mal Sex?", dann geht die Antwort meist in ein verlegenes Gemurmel über.
Soll ein Kind in Namen der Wahrhaftigkeit stets schonungslos über alles aufgeklärt werden? An den Klapperstorch glaubt freilich niemand mehr, und niemand, der seine Elternrolle ernst nimmt, wird heute noch zum Klapperstorch oder zur Geschichte von den Bienen und Blüten Zuflucht nehmen.
Viel schwerer noch als mit der Sexualität tun wir uns mit dem Thema Tod. Ist hier nicht die schonende Ausrede eigentlich die tiefere Wahrheit? Im Besitze welcher Wahrheit sind wir denn, wenn wir über jemanden sagen, er sei tot?

# Wann man keine Ausreden benutzen sollte

Vor Gericht gibt es bekanntlich dreierlei Arten Wahrheit. „Die Wahrheit, die Wahrheit und nichts als die Wahrheit" zu sagen, verpflichtet die Eidesformel. Wenn sich jeder, der vor Gericht steht, daran hielte, hätten die Richter nichts mehr zu tun, sollte man denken. Falsch. Jeder trägt, selbst im moralphilosophischen Idealfall, mit bestem Wissen und Gewissen *seine* Wahrheit vor; der Richter hat zu entscheiden, welche Wahrheit dem Gesetz entspricht.
Der Gegensatz zur Ausrede ist nicht die objektive Wahrheit, sondern die selbst gewollte Wahrhaftigkeit einer Aussage, zu der man ohne Vorbehalt stehen kann. Dennoch bleibt es eine durch die Subjektivität des Sprechenden bestimmte relative Wahrheit.
Der Übergang von der Wahrheit zur Ausrede ist meist fließend. „Der Wecker hat nicht geklingelt", könnte eine – im Hinblick auf das Zu-spät-Kommen – wahre Aussage sein. Zur Ausrede wird sie, indem sie das subjektive Versagen – am Abend zuvor war der Wecker womöglich nicht gestellt worden – verschweigt und die höhere Gewalt – das Versagen des Weckers – für zuständig erklärt.

Selbst wenn es schwer ist, in unangenehmen Situationen Ausreden zu vermeiden: In bestimmten Fällen ist es dringend geboten. Zum Beispiel wenn der Schutz höherer Rechtsgüter – das Leben eines anderen Menschen, seine körperliche Unversehrtheit, Freiheit, Ehre, Eigentum, aber auch Ehe und Familie, Hausfrieden, Pflichttreue als Beamter – das zwingend erfordert. Es versteht sich, dass keine Ausrede so weit führen darf, dass Leben und Unversehrtheit anderer Menschen – beispielsweise durch eine Pflichtverletzung oder Unterlassung – gefährdet werden. Sinngemäß gilt das auch für andere Rechtsgüter wie Ehe und Familie. Es mag manchem konservativ erscheinen, aber es gibt immer noch Menschen, denen die Erhaltung von Ehe und Familie wichtiger ist als die persönliche Befindlichkeit und die im Krisenfall nicht zu Ausrede, Täuschung und Selbsttäuschung Zuflucht nehmen, sondern auf rückhaltlose Offenheit bauen.

Ein weiterer Grund, auf Ausreden zu verzichten, ist schlichter, aber eigentlich genau so zwingend: Wenn die Kommunikationsstrategie – 1. Entschuldung, 2. Verständnis für die eigene Situation erzeugen, 3. Mitleid und Mitgefühl erregen, 4. Schlechtes Gewissen beim Gegenüber erzeugen – zu scheitern droht, das Ziel nicht nur nicht erreicht, sondern ein gegenteiliger Effekt erzielt wird, sollte man auf Ausreden tunlichst verzichten.

Situationen, in denen eine Ausrede alles nur verschlimmert, werden Ihnen immer wieder begegnen. Auch Vorgesetzte, die Schuldbekenntnisse von versagenden Mitarbeitern zum eigenen Wohlbefinden brauchen. Geben Sie Ihnen, was Sie wollen! Bekennen Sie sich schuldig, auch wenn Sie es nicht sind. Auch das ist letztlich eine Art Ausrede – mit umgekehrten Vorzeichen. Unter Umständen kann damit das gleiche Kommunikationsziel erreicht werden wie mit einer fantasievoll erfundenen, gekonnt vorgetragenen und brillant pointierten Ausrede.